Édition : BoD · Books on Demand, 31 avenue Saint-Rémy, 57600 Forbach, bod@bod.fr
Impression : Libri Plureos GmbH, Friedensallee 273, 22763 Hamburg (Allemagne)

ISBN : 978-2-3225-7461-2
Dépôt légal : février 2025

Du même Auteur :

- La formation des aviateurs de la Royal Air Force et du Commonwealth 1934 - 1945. Histoire, programmes et matériels. ISBN 978-2322541973.

- Chasseurs de nuit et *Intruders* de la Royal Air Force contre la Luftwaffe : La première guerre électronique aérienne, 1939 - 1945. ISBN : 978-2322540396

- Notes à l'intention des Pilotes pour différents appareils de la Royal Air Force (voir liste en fin d'ouvrage).

Table des matières

AVERTISSEMENT

Ces Notes à l'intention des Pilotes ont bien évidement été traduites uniquement pour leur intérêt historique et ne doivent en aucun cas être employées pour le vol sur de vrais avions (pour les rares lecteurs qui ont la chance de posséder un Halifax, un Hamilcar ou autres Spitfire dans leur jardin !). Ces manuels étaient constamment tenus à jour et il a fallu choisir de traduire une version particulière qui n'est quasiment jamais la publication la plus récente. [1] La version traduite est donc une sorte de "photographie" dans le temps. Souvent, le choix de la version a été imposé par le peu de documentation ayant survécu ou par l'histoire particulière d'un avion.

Par contre, l'usage de ces manuels avec des simulateurs de vol peut permettre de vérifier le réalisme des logiciels et apporter une nouvelle dimension à cette activité, par exemple en suivant strictement les procédures recommandées.

---

[1]   Par exemple ici, c'est une version de janvier 1944 qui a été choisie pour refléter les informations mises à la disposition des pilotes à ce moment de la guerre, mais les Notes de cet avion ont été à nouveau révisées après cela (par exemple à deux reprises au moins en 1944).

INTRODUCTION

Les lecteurs intéressés trouveront les conventions de traduction ainsi que l'histoire des manuels à l'intention des Pilotes dans **l'ouvrage de cette série consacré au Tiger Moth** [2] : la plupart des pilotes formés pendant la guerre ayant débuté sur cet avion, il a paru logique qu'il serve de base pour cette série de manuels.

Abréviations principales

AP : Air Publication (Publication *[du Ministère]* de l'Air britannique).
PN : Pilot's Notes (Notes à l'intention des Pilotes).   RAF : Royal Air Force.
TNA : The National Archives - UK (Archives Nationales britanniques).

Les principaux rôles du Bristol Beaufighter

Dès le début de la production du Beaufighter, la concurrence a été rude entre le Fighter Command (chasse) et le Coastal Command (surveillance côtière) pour se partager les premières machines, les usines de Bristol n'en sortant initialement que peu. Cet avion a aussi été utilisé comme chasseur-bombardier sur d'autres théâtres d'opérations. Avec une endurance de six heures, presque 2.000 km, le Beaufighter pouvait rejoindre l'Égypte par ses propres moyens, avec des escales.

Au sein du Fighter Command : Le Bristol Beaufighter a rapidement remplacé les Blenheim, Hurricane et Defiant qui étaient utilisés jusque-là pour la chasse de nuit. La première victoire d'un Beaufighter équipé d'un radar air-air a lieu le 19 novembre 1940, lorsque le Flight Lieutenant Cunningham abat un Ju-88. [3] Le Beaufighter est resté en première ligne pour la chasse de nuit en Europe jusqu'à octobre 1943, mais il a encore été utilisé en Méditerranée et en Asie. En 1943, lorsque la RAF a commencé à affecter des Mosquito aux Escadrons de chasse de nuit, elle a proposé une centaine de ses Beaufighter Mk VI (radars air-air AI Mk IV ou Mk VIII) d'occasion à l'US Army Air Force dans un arrangement qualifié de "prêt-bail inversé". [4] En échange, les Britanniques ont obtenu une centaine de Boston dont ils avaient grand besoin pour le 2ème Groupe du Bomber Command. [5]

Au sein du Coastal Command : Armés de roquettes ou d'une torpille, les Beaufighter ont été très efficaces contre les navires (et parfois les U-bootes), que ce soit en Méditerranée ou en Mer du Nord.

---

[2] *"Notes pour les Pilotes de Tiger Moth T. Mk. 2"*, ISBN : 978-2322561292.

[3] Pour plus d'informations sur les premier radars air-air, se reporter à l'ouvrage de cette série consacré au Mosquito FII, NFXII, NFXIII, NFXVII & NFXIX.

[4] Page 21 de l'USAF Air Historical Study n°92 *"Development of Night Air Operations, 1941-1952"*, de Joe Taylor, 1953.

[5] Article *"Night Fighters for the USAAF"*, page 72 du n°3 de la revue Aeromilitaria (Air-Britain) de 1997.

Pour citer une mission insolite, le 12 juin 1942, le Beaufighter Mk VIC du Flight lieutenant A. Ken Gatward et du sergent Gilbert G. Fern du 236ème Escadron du Coastal Command a relâché un drapeau français sur l'Arc de Triomphe à Paris avant de mitrailler le QG de la Marine allemande place de la Concorde. [6]

Les attaques de la RAF contre les navires marchands allemands

La RAF n'avait pas prévu de s'en prendre aux navires marchands ennemis et elle n'a été autorisée à le faire que très progressivement : [7] en juin 1940, ses avions reçoivent le feu vert pour ouvrir le feu sur *"les bâtiments auxiliaires, les transports de troupes et les cargos de ravitaillement militaire"*. En juillet et septembre, le Royaume-Uni annonce que tout navire entrant dans certaines zones de la mer du Nord, de la Manche puis du golfe de Gascogne sera *"coulé à vue"*. Enfin en mars 1941, la RAF peut s'en prendre aux navires marchands ennemis où que ce soit. [8]

De toute façon, avec sa force composée majoritairement d'Avro Anson, le Coastal Command du début de la guerre n'était vraiment pas équipé pour aller inquiéter les bâtiments allemands. Même lorsque le premier escadron de bombardiers-torpilleurs Bristol Beaufort est mis en service en 1940, ces avions sont surtout utilisés pour poser des mines puisque ce sont les seuls dans son inventaire qui peuvent le faire. Il n'est donc pas très étonnant que durant 1941, 1942 et 1943, le Coastal Command ne coule qu'une cinquantaine de navires marchands ennemis par an, à un coût relativement élevé de 200 à 250 avions perdus lors de ces missions.

Fin 1942, l'Air Chief Marshal Sir Philip Joubert de la Ferté a mis en place des Escadres de Frappe (Strike Wings) en s'appuyant sur l'expérience acquise par les Escadrons basés à Malte contre les convois de l'Axe en Méditerranée. Il est aidé en cela par l'arrivée d'avions et d'armes de plus en plus performants (Beaufighter, Mosquito, roquettes, etc.). La première Escadre de Frappe est formée à North Coates dans le Lincolnshire au sein du 16ème Groupe en novembre 1942 : le 236ème Escadron sur Beaufighter VIC était chargé de supprimer les défenses anti-aériennes des navires au canon et à la roquette pendant que le 254ème Escadron sur Beaufighter X *"Torbeau"* [9] procédait au torpillage. Deux Escadrons du Fighter Command (souvent des Mustang) protégeaient les bimoteurs de la chasse allemande.

En 1943, deux autres Escadres de Frappe sont créées à Wick et à Leuchars en Écosse. En 1944, les Strike Wings étendent leur champ d'action pour des missions

---

[6]   Journal de marche de l'Escadron de juin 1942, références AIR 27/1447/9 et AIR 27/1447/10, TNA. Cette mission avait déjà été tentée à quatre reprises mais avait été annulée faute de couverture nuageuse suffisante.

[7]   Page 283 du livre de Stephen Roskill *"The War at Sea"*, Volume III Part 2, Stationery Office Books, 1961.

[8]   Pages 337-338 du livre de Stephen Roskill *"The War at Sea"*, Volume I, Stationery Office Books, 1954.

[9]   Surnom issu de la contraction de "Torpedo" (torpille) et "Beaufighter".

en Atlantique ou au large des côtes néerlandaises. Parfois, des Wellington sont chargés de détecter les convois se déplaçant de nuit et de guider les *"Torbeau"* puis d'illuminer les navires par des fusées éclairantes. 184 cargos ennemis sont coulés par la RAF en 1944, avec encore une perte de l'ordre de 200 avions.

Les opérations aériennes de dépose de mines ont été bien plus efficaces pour des pertes moins élevées par rapport à l'attaque directe des navires marchands : 450 avions ont été perdus pour 20.000 sorties de minage qui ont coulé plus de 600 cargos ennemis. En comparaison, 38.000 sorties d'attaque directe n'ont coulé "que" 366 navires pour 876 avions perdus. [10] Les efforts du Coastal Command ont largement perturbé les convois de minerai entre l'Allemagne et la Norvège. Cependant, l'impact de ces actions a globalement été faible, le cabotage ne représentant que moins de 3% du transport en support de l'industrie allemande. [11]

Les principales armes anti-navire des Beaufighter

Les roquettes : La plupart des navires marchands attaqués par le Coastal Command étaient des caboteurs de moins de 6.000 tonnes, sans blindage. Les dégâts occasionnés par une roquette de 27 kg à tête explosive sont comparables à un obus de 155mm. Huit de ces engins ont donc le même pouvoir destructeur que la bordée d'un croiseur léger de 10.000 tonnes. Toutefois, la roquette de 11 kg à tête pleine s'avère être la meilleure arme anti-navire car elle n'explose pas à l'impact avec la mer et est capable de percer les coques sous la ligne de flottaison.

La torpille : [12] La torpille de 18 pouces Mark XII du début de la guerre ne résistait pas toujours au largage par un Beaufighter. Après des dizaines d'essais, l'Aircraft Torpedo Development Unit de Gosport a conçu la Mark XV de 817 kg (y compris une charge de 247 kg de Torpex, explosif 25% plus puissant que le TNT de la Mark XII). Mise en service en 1943, cette torpille pouvait survivre à un largage jusqu'à 560 km/h d'une altitude maximale de 300 mètres. Un gyroscope la stabilisait pendant sa phase de vol et l'empennage se détachait à l'impact avec l'eau. Dans l'eau, elle pouvait filer à une vitesse de pointe de 74 km/h.

La vitesse du Beaufighter augmentait un peu les chances de survie face à la défense anti-aérienne des navires mais le torpillage restait une activité très risquée en raison du besoin de voler droit pendant la visée et la séparation. Pour disperser l'attention des défenseurs et donner une meilleure chance aux *"Torbeau"*, les avions d'escorte attaquaient simultanément au canon et à la mitrailleuse.

---

[10] Les chiffres varient grandement suivant les sources. Ceux qui sont cités ici proviennent du livre de Vincent Orange, *"Churchill and his airmen"*, Grub Street, 2013, ISBN 978-1908117366 (page 235) et portent sur la période avril 1940 à mai 1945 en Europe.

[11] Page 300 du livre *"Kept in the dark : The denial to Bomber Command of vital Ultra and other intelligence information during World War II"*, de John Stubbington, Pen & Sword, 2010, ISBN 978-1848841833.

[12] Pour plus d'informations sur le torpillage, se reporter à l'ouvrage de cette série consacré au Swordfish.

NOTES POUR LES PILOTES DE BEAUFIGHTER

MARK VI - DEUX MOTEURS HERCULES VI
MARK TFX & XI - DEUX MOTEURS HERCULES XVII

RÉVISIONS

À mesure des besoins, des listes de révisions seront publiées.

Ces listes seront enduites de colle pour que l'on puisse les fixer à l'intérieur de la couverture du livre.

Chaque liste de révisions comprendra toutes les mises à jour récentes et, si nécessaire, des feuillets à coller aux endroits voulus dans le texte.

On devra certifier l'insertion d'une liste de révisions en inscrivant ci-dessous la date de l'entrée et les initiales de la personne ayant effectué cette mise à jour.

LISTE N°	INITIALES	DATE	LISTE N°	INITIALES	DATE
1			2		

NOTES POUR LES UTILISATEURS

Cette publication se divise en cinq parties : Description, Pilotage, Caractéristiques, Situations d'Urgence et Illustrations.

La première partie ne donne qu'une brève description des commandes avec lesquelles le pilote devra se familiariser.

Ces notes complètent la Publication *"A.P.2095 - Notes générales pour les Pilotes"* et supposent une parfaite connaissance de son contenu. Tous les pilotes devraient être en possession d'un exemplaire de la Publication A.P. 2095 (voir A.M.O. A93/43). [13]

Les mots en lettres capitales indiquent les marquages tels qu'ils existent sur les commandes correspondantes.

Des exemplaires supplémentaires peuvent être obtenus à l'A.P.F.S. *[Air Publications and Forms Store]*, Fulham Road, S.W.3, en portant sur le formulaire R.A.F. 294A, en double, le numéro de cette publication en toutes lettres : A.P. 1721 F, H & J - P.N.

Les commentaires et les suggestions devront être transmis par la voie hiérarchique au Ministère de l'Air. (D.T.F.).

---

[13] Ordre du Ministère de l'Air, catégorie "Administrative". Le Ministère avait une production prolifique d'ordres de ce type : 476 en 1938, et 1.205 en 1945 !

BEAUFIGHTER VI, X, XI

NOTES POUR LES PILOTES DE
BEAUFIGHTER VI, TFX & XI

2ème Édition. Cette édition remplace toutes les versions précédentes.

TABLE DES MATIÈRES

---

[14]   La mise en drapeau de l'hélice place les pales dans le lit du vent pour réduire la trainée et évite à l'hélice de faire tourner le moteur lorsque ce dernier est en panne. Le dévirage consiste à utiliser l'hélice pour fournir une traction négative et un couple moteur. Cette position sert à la remise en marche du moteur.

INTRODUCTION

Sauf indication contraire, les notes descriptives, les recommandations de manœuvre et les caractéristiques dans la présente publication s'appliquent aux trois versions (Marks).

Beaufighter VI avec des moteurs Hercules VI ou XVI : Les présentes Notes remplacent toutes les versions précédentes qui s'appliquaient aux Beaufighter I et VI (une seconde édition des Notes à l'intention des Pilotes pour le Beaufighter I, A.P. 1712A P.N. 2ème édition, est maintenant publiée séparément).

Beaufighter TF.X avec des moteurs Hercules XVII : Cette version est identique au Beaufighter VI, mais est équipée pour le lancement de torpille.

Beaufighter XIC avec des moteurs Hercules XVII : C'est un chasseur de surveillance maritime du Coastal Command, identique au Beaufighter VIC.

NOTE : Quelques avions Beaufighter VI ont été équipés pour le lancement de torpille et sont similaires au Beaufighter TF.X sauf qu'ils conservent les moteurs Hercules VI.

Ière PARTIE - DESCRIPTION

NOTE : Les numéros cités entre parenthèses dans le texte après des équipements se réfèrent aux chiffres de la légende des illustrations dans la Partie V.

CIRCUITS DE CARBURANT ET D'HUILE

1. **Réservoirs de carburant**

   (i) Il y a deux réservoirs principaux, dans les sections intérieure et extérieure de chaque aile, comme montré sur la Figure 1.

   (ii) Les avions récents ont également quatre réservoirs de vol à grande distance, montrés en pointillés, qui élargissent, de fait, les réservoirs des sections extérieures des ailes. Le réservoir le plus vers l'extrémité de l'aile remplace les mitrailleuses des ailes qui ne sont pas installées sur les avions ainsi équipés. Les réservoirs des deux ailes sont interconnectés par une tuyauterie d'équilibrage commandée par un robinet d'équilibrage.

2. **Jauges et robinets du circuit de carburant**

   (i) Des jauges de niveau (65) et (99) sont installées pour tous les réservoirs. Sur les avions récents avec des réservoirs de vol à grande distance, les jauges pour ces derniers (10) sont au sommet de la boite de jonction n°8 sur le côté droit. Un interrupteur principal (94) alimente toutes les jauges.

(ii) Les manomètres du carburant (remplacés sur les avions récents par des voyants d'alarme de pression basse (27)) sont sur le tableau de bord. Ils sont alimentés par l'interrupteur principal des jauges (par l'interrupteur de l'indicateur du train d'atterrissage sur les avions récents).

(iii) Les commandes des robinets du carburant sont montées sur le côté gauche derrière les commandes des moteurs. Le grand volant rouge (57) commande le robinet des réservoirs de gauche et le petit volant vert (56) commande le robinet des réservoirs de droite. Chaque volant est marqué TANKS OFF, OUTER TANK ON, et INNER TANK ON. [15] Ils doivent être tournés dans le sens des aiguilles d'une montre à partir de la position TANKS OFF pour ouvrir les robinets. Le marquage correspondant est tourné vers le haut (avec un loquet à bille que l'on sent s'engager) pour obtenir la position souhaitée pour le robinet. Il y a également un bouton sur chaque volant qui se retrouve en haut quand le volant est sur la position TANKS OFF. Le levier (54) du robinet d'équilibrage de l'aspiration *[des pompes]* est marqué S et peint en noir. Le levier est abaissé pour ouvrir le robinet.

3. **Circuit d'huile** : Il y a un réservoir pour chaque moteur avec une capacité utile de 18 gallons *(82 litres)*, pour un total de 36 gallons *(164 litres)*. Les avions récents ont de plus grands réservoirs pour permettre l'emport de l'huile supplémentaire qui est nécessaire quand des hélices qui peuvent être mises en drapeau sont installées. Les thermomètres (29) et manomètres (18) sont sur le tableau de bord.

4. **Système Worth de dilution de l'huile** : Ceci est installé sur les avions récents avec les interrupteurs de mise en marche dans les nacelles des moteurs. [16]

SYSTÈMES PRINCIPAUX

5. **Circuit électrique**

(i) Un générateur sur le moteur droit, en parallèle avec une batterie, fournit le courant continu 24 volts pour les appareils suivants :
Tous les circuits d'éclairage.
Démarreurs des moteurs (et bobines de démarrage, si installées).
Mise en drapeau des hélices (si ce dispositif a été installé).
Instruments.
Volets des capots des moteurs.
Canons, mitrailleuses, appareils photographiques, libération des bombes et torpille.
Chauffage de la sonde Pitot.

---

[15] Pour correspondre aux Illustrations, le texte n'a pas été traduit ci-dessus : TANKS OFF = Robinet fermé ; OUTER TANK ON = Robinet du réservoir de la section extérieure de l'aile ouvert ; INNER TANK ON = Robinet du réservoir de la section intérieure de l'aile ouvert.

[16] L'huile est diluée avec du carburant afin de faciliter le démarrage le jour suivant.

Extincteurs.

Libération du canot de sauvetage (sur les avions récents).

(ii)   Les premiers avions ont un ampèremètre sur le tableau électrique de l'Observateur. Cet instrument est placé dans le circuit de charge et donne une indication si le générateur tombe en panne. Les avions récents ont un voyant d'alarme pour ce cas, ou si ce voyant n'est pas installé, un voltmètre dans le circuit du générateur. Ce voltmètre indique normalement 29 volts, et montre que le générateur est tombé en panne si le voltage tombe à environ 26 volts. Un interrupteur de la bobine d'induction du générateur est monté à l'extrémité avant du boitier des fusibles. Il doit normalement être fermé (ON).

(iii)   Un générateur sur le moteur gauche fournit le courant électrique alternatif 80 volts pour l'équipement radio spécial, lorsqu'installé. [17]

6. Circuit hydraulique

(i)   Il y a deux pompes hydrauliques, une sur chaque moteur.

(ii)   Au sol, le levier du circuit hydraulique (67) doit toujours être sur la position de marche (ON).

(iii)   En vol, quand le fonctionnement des équipements mus hydrauliquement n'est pas nécessaire, le levier du circuit hydraulique doit toujours être sur la position d'arrêt (OFF). Ceci ouvre une vanne de dérivation et évite la surchauffe des pompes et la panne qui en résulterait.

(iv)   Une pompe manuelle est utilisée pour :

(a) Le fonctionnement au sol quand les moteurs ne tournent pas, ou en vol en cas d'urgence (voir la Partie IV) (avec le levier du circuit hydraulique sur la position de marche (ON)).

(b) Le fonctionnement de secours pour abaisser les volets hypersustentateurs et le train d'atterrissage par des tuyauteries indépendantes, qui sont mises en opération quand le sélecteur de secours (68) est mis sur la position de marche (ON). Ce sélecteur ne doit jamais être sur la position de marche (ON) sauf si le levier du circuit hydraulique est sur la position d'arrêt (OFF) ; sur certains avions, un couplage de sécurité assure ceci. Tant que la Modification n°853 n'est pas incorporée, ce système ne doit pas être utilisé avec le levier des volets hypersustentateurs au point mort ; il doit être soit sur la position DOWN ou la position UP [18] seulement quand il est possible d'abaisser les volets hypersustentateurs et le train d'atterrissage ensemble. Quand la Modification n°853 est incorporée, le train d'atterrissage peut être abaissé en premier avec le levier des volets hypersustentateurs au point mort, et sur

---

[17]   Par "équipement radio spécial", comprendre "installation radar" que ce soit la version AI (interception air-air) pour la chasse de nuit, ou la version ASV (air-surface) pour la chasse aux sous-marins lorsqu'ils naviguent en surface.

[18]   DOWN = Volets abaissés ; UP = Volets relevés.

certains avions, un couplage ramène le levier des volets hypersustentateurs de la position UP au point mort quand le levier du sélecteur de secours est sur la position de marche (ON).

7. **Système pneumatique**

   (i) Un compresseur d'air sur le moteur droit charge deux cylindres et fournit l'air permettant le fonctionnement des :

   Mitrailleuses et canons.

   Freins.

   Vannes de largage d'urgence du carburant.

   Libération des fusées éclairantes d'atterrissage (si installées).

   Il y a un manomètre (sur les avions récents, il y en a deux), près du casier à équipements sur la gauche, qui donne la pression des cylindres et un manomètre triple (33) qui montre la pression dans le circuit de freinage.

   (ii) Deux pompes à vide, une entrainée par chaque moteur, permettent le fonctionnement du panneau de vol aux instruments. [19] Un robinet de basculement (34) permet de sélectionner l'une ou l'autre pompe. Sur les premiers avions seulement, il y a un manomètre du système de vide.

COMMANDES DE VOL

8. **Commandes de pilotage principales** : Elles sont conventionnelles et les pédales pendulaires du palonnier peuvent être ajustées pendant le vol en fonction de la taille des jambes du Pilote à l'aide d'une poignée sous le tableau de bord.

9. **Surfaces de compensation** : La commande (85) avec son indicateur (82) du compensateur de profondeur, la commande (84) du compensateur de direction et celle du compensateur (97) des ailerons, toutes deux avec des indicateurs intégrés, fonctionnent dans le sens naturel.

10. **Commande du train d'atterrissage** : Le levier (69) est placé sur la position UP pour rétracter, sur la position DOWN pour abaisser les atterrisseurs principaux et la roulette de queue. [20] Au sol, le levier doit être laissé sur la position DOWN.

---

[19] La RAF a adopté en 1937 un panneau standardisé pour les six instruments de base pour le vol sans visibilité. Les instruments étaient placés sur deux rangées, toujours dans le même ordre, et les élèves pilotes étaient formés à les parcourir du regard de façon ordonnée et systématique. De gauche à droite et de haut en bas : badin, horizon artificiel, variomètre, altimètre, conservateur de cap et indicateur de virage et de dérapage.

[20] UP = Position haute ; DOWN = Position basse.

11. **Verrouillage de sécurité du train d'atterrissage** :

(i) Une goupille à ressort bloque le levier sur la position DOWN lorsque l'avion est au sol. La goupille se retire quand l'avion est en vol et, si nécessaire, elle peut être déverrouillée en enfonçant le bouton sur le levier.

(ii) Des goupilles de verrouillage, insérées manuellement dans les articulations du côté intérieur des jambes du train d'atterrissage, sont une mesure de sécurité additionnelle. Ces goupilles, avec des flammes en tissu rouge qui leur sont attachées, doivent être retirées avant le vol.

12. **Indicateurs de position du train d'atterrissage**

Trois indicateurs (13) montrent la position de chacun des atterrisseurs principaux et de la roulette de queue. Les indications sont les suivantes :

Roue verrouillée en position haute	"UP" sur fond rouge.
Roue verrouillée en position basse	"DOWN" sur fond vert.
Entre les verrouillages haut et bas, ou si l'indicateur n'est pas alimenté	Lignes zébrées noires et blanches.

L'interrupteur de l'indicateur (31) est couplé avec les interrupteurs des magnétos. Un klaxon d'avertissement [21] se met en marche si l'une des roues n'est pas verrouillée en position basse et que les manettes des gaz sont ouvertes de moins d'un tiers.

13. **Commandes et indicateur de position des volets hypersustentateurs** : Le levier (69) [22] est placé sur la position UP pour relever les volets hypersustentateurs, et sur la position DOWN pour les abaisser. Quand une ouverture intermédiaire est nécessaire, le levier doit être ramené au point mort dès que la position souhaitée est atteinte. L'indicateur de position est à la gauche du levier des volets.

14. **Commandes des aérofreins** : Quand les aérofreins (qui sont composés de volets, au-dessus et au-dessous de chaque aile, opérés par la dépression et la pression générées par des tubes Venturi) sont installés, le levier de fonctionnement (70), qui commande les vannes des tubes Venturi, est placé sur le montant près des commandes des moteurs. Ce levier est tiré en arrière pour ouvrir les aérofreins, et poussé en avant pour les fermer. Il doit être manipulé de façon franche et il ne faut pas tenter de placer les aérofreins sur une position intermédiaire. Une tuyauterie d'équilibrage est installée entre les deux systèmes Venturi.

---

[21] Suite à de nombreux accidents causés par l'oubli du pilote de descendre le train d'atterrissage avant de se poser, les constructeurs ont équipé leurs avions d'un klaxon avertisseur se déclenchant lorsque le train est en position haute et que la manette des gaz est positionnée à une puissance réduite.

[22] On notera que le levier des volets hypersustentateurs et celui du train d'atterrissage ont reçu le numéro (69) sur les illustrations car ils sont côte à côte : le levier des volets a un bouton noir et est celui de gauche, le levier du train a un bouton blanc et est celui de droite.

15. **Freins des roues** : Les freins pneumatiques sont activés par un levier (8) sur le volant du manche à balai. Pour le stationnement, un verrouillage à ressort bloque le levier sur la position "freins serrés". Quand des freins jumelés sont installés par la Modification n°802, une pression de 85-90 lb./sq.in. [23] *(5,9 – 6,2 bars)* fournit autant de puissance de freinage que l'on peut appliquer en sécurité.

   NOTE : Sur certains avions, il y a un loquet monté sur la roulette de queue pour la maintenir centrée durant le décollage et l'atterrissage. La commande pour ceci est une tirette à poignée à la droite du siège du Pilote. Pour libérer la roulette, tirez la poignée. Pour la verrouiller, appuyez sur le petit bouton sur la poignée, puis enfoncez-la.

COMMANDES DES MOTEURS

16. Manettes des gaz et commande du mélange

(i) Les manettes des gaz ont des butées aux positions de croisière (CRUISING) et de montée (RATED). [24] La commande du mélange (moteur Hercules VI uniquement) est couplée avec les manettes des gaz de façon à ce qu'elle revienne sur la position NORMAL si l'une ou l'autre des manettes des gaz est fermée, ou ouverte au-delà de la butée de croisière.

(ii) Avec les moteurs Hercules XVI & XVII, le levier du mélange n'est pas utilisé : la régulation du mélange est automatique et une concentration de mélange économique est obtenue à une pression d'admission égale ou inférieure à +2 lb./sq.in. *(138 mbar)*. Si le levier est présent, il est bloqué par une plaque d'avertissement. Pour le régime de croisière sur mélange pauvre, les manettes des gaz ne doivent pas être avancées au-delà de la butée ou de la ligne blanche.

---

[23] Unité de pression britannique : "livres par pouce carré", laissée ici sous l'abréviation anglaise comme dans les documents traduits à l'époque en français. La valeur convertie en bars a été ajoutée lors de la traduction.

[24] CRUISING = Puissance de croisière ; RATED = Pression d'admission nominale. La pression d'admission nominale est la pression d'admission maximale régulée continue. Sur cette position de la manette des gaz, le système de régulation de la pression d'admission pousse le compresseur au maximum possible en continu. Cette pression d'admission est inférieure à celle de décollage, qui elle n'est valable que pendant une durée limitée.

17. **Commandes des hélices**

(i) <u>Commandes de vitesse</u> : Avec des hélices *[ayant un débattement de pas]* de 20°, la position complètement en arrière des leviers (66) permet d'obtenir le grand pas fixe positif. [25] Sur certains montages d'hélices à vitesse constante Hydromatic [26] la position arrière des leviers sélectionne également le grand pas fixe positif. Cependant, sur la plupart des installations Hydromatic la position arrière donne à peu près 800 tr/min sous le contrôle du régulateur, réglage qui est utilisé pour réduire la trainée d'un moteur en panne. Sur les deux montages Hydromatic, la manette des gaz doit être fermée avant que le levier d'hélice ne soit tiré complètement en arrière.

(ii) Les avions récents ont des hélices qui peuvent être mises complètement en drapeau à l'aide d'interrupteurs du type bouton-poussoir sous une garde de sécurité, installés en arrière des commandes des volets des capots des moteurs. Excepté lorsque des réservoirs d'huile à grande capacité sont installés, un placard d'avertissement est monté qui indique que, sauf en cas d'urgence, la mise en drapeau ne doit être faite que durant les quatre premières heures de n'importe quel vol, car ensuite il pourrait ne plus y avoir assez d'huile pour permettre le dévirage ultérieur de l'hélice. Avec des hélices qui peuvent être mises complètement en drapeau, la position arrière du levier ne bloque pas l'hélice sur le grand pas fixe positif.

18. **Commandes des compresseurs à deux vitesses** : Les commandes des compresseurs (BLOWER) à deux vitesses (76) et (78) sont montées en arrière des manettes des gaz et de la commande du mélange. Il y a seulement deux positions sur lesquelles les leviers peuvent être placés : une marquée S complètement en avant qui correspond à la pleine marche des compresseurs, et une marquée M complètement vers l'arrière qui correspond à la marche moyenne des compresseurs. [27] Sur certains avions, le rapport S a été rendu inopérant au niveau du moteur ; [28] le levier est laissé déconnecté et peut être déplacé librement. Quand il n'a pas été rendu inopérant, le rapport S doit être manœuvré régulièrement, qu'il soit utilisé ou non.

---

[25] "Grand pas fixe positif" (positive coarse pitch) : l'hélice se verrouille sur ce pas et agit alors comme une hélice à pas fixe. Pour plus d'explications, voir le Pamphlet n°153 du Ministère de l'Air *"Propeller sense"*, mars 1944. Le terme de "commande de vitesse de l'hélice" est une traduction littérale du texte original : la commande permet de régler un point de consigne pour la vitesse de rotation du moteur, et le régulateur adapte le pas de l'hélice en fonction de cette vitesse et des conditions de vol.

[26] Hélice Hydromatic : produite par De Havilland ou Hamilton, permettant des changements de pas automatiques sur un débattement de 35°. Le nom Hydromatic vient de la contraction des mots "hydraulique" et "automatique".

[27] Vitesse des compresseurs : Rapport S (ou FS) = Vitesse Haute (Full Speed - HIGH gear) ; rapport M (ou MS, ou MOD) = Vitesse basse (Moderate Speed - LOW gear).

[28] Avec le rapport S opérationnel, le moteur Hercules XVII est rebaptisé Hercules XVIII : ceci ne sera inclus dans les Notes à l'intention des Pilotes que lors de la révision n°2 de septembre 1944.

19. **Commandes des prises d'air des carburateurs** : Les leviers (74) des volets des prises d'air sont du côté extérieur des commandes des compresseurs à deux vitesses. Les leviers ont des boutons rouge et vert qui correspondent respectivement aux moteurs gauche et droit. Les leviers sont placés en avant pour l'air froid, et en arrière pour l'air chaud.

20. **Commandes des volets des capots des moteurs** : Les deux commutateurs (79) des moteurs des volets de capot sont en arrière des commandes des compresseurs à deux vitesses. Ils ont trois positions marquées OPEN, OFF et CLOSED. [29] Les boutons doivent être enfoncés lorsque les commutateurs sont réglés sur OPEN ou CLOSED ; quand la position souhaitée des volets de capot est atteinte, le commutateur doit être ramené sur la position OFF et le bouton relevé. Des voyants d'alarme rouge, à côté des commutateurs, indiquent quand les moteurs sont en opération. Sur les avions récents, un indicateur visuel de position des volets de capot est monté sur le tube structurel de gauche sous la fenêtre.

21. **Commandes d'étouffoirs des carburateurs** : [30] Les commandes d'étouffoirs des carburateurs (51) sont sur un boitier, avec un couvercle articulé, monté en haut du longeron avant du côté gauche. Les commandes sont rouge et verte et correspondent respectivement aux moteurs gauche et droit.

22. **Interrupteurs des magnétos de démarrage** : Ils sont montés sur la structure de chaque nacelle moteur. Sur les avions récents, des bobines de démarrage sont installées à la place des magnétos de démarrage ; elles sont mises en service par les boutons des démarreurs des moteurs.

23. **Commandes des démarreurs** : Les boutons-poussoir (22) sont sur le tableau de bord. Sur les avions avec des coupe-circuits principaux de démarrage des moteurs (24) installés, ces derniers doivent être fermés (ON) avant que les boutons-poussoir puissent alimenter les démarreurs. Quand les coupe-circuits sont ouverts (OFF), les boutons-poussoir n'alimentent que les bobines de démarrage, pour le démarrage à la main.

---

[29] OPEN = Ouvert, OFF = À l'arrêt ; CLOSED = Fermé.

[30] L'étouffoir du ralenti permet de couper l'arrivée d'essence du gicleur de ralenti dans le carburateur pour arrêter le moteur : arrêter l'allumage ne suffirait pas puisque le mélange continuerait à être mis à feu lors de la compression par la température élevée des cylindres. Cette commande ferme donc l'orifice du gicleur qui alimente le moteur en carburant même quand la manette des gaz est fermée pour le régime de marche au ralenti.

AUTRES COMMANDES

24. **Commandes de dégivrage**

(i) <u>Dégivrage des hélices</u> : Sur les premiers avions uniquement, la commande est montée sur le tube structurel de gauche sous la fenêtre et est marqué ON et OFF. Quand la molette de cette commande est tournée dans le sens des aiguilles d'une montre, la vitesse des pompes électriques des gicleurs est accélérée.

(ii) <u>Dégivrage du pare-brise</u> : Une pompe manuelle (83) est installée sur le côté droit sous le tableau de bord. Sur les avions récents, la pompe est à côté de la commande du compensateur de la gouverne de direction.

(iii) <u>Réchauffage de la sonde Pitot</u> : L'interrupteur est sur le côté droit du bloc des interrupteurs au-dessus du compas.

(iv) <u>Dégivrage des Venturi des aérofreins</u> : Une pompe manuelle (101) installée sur le côté droit du siège du Pilote, avec un robinet (102) marqué OFF, PORT, STB'D, PORT AND STB'D, [31] est utilisée pour projeter du fluide de dégivrage dans l'un ou l'autre des Venturi, ou dans les deux simultanément. Par conditions givrantes, cinq coups de la pompe manuelle chaque minute sont nécessaires pour chaque Venturi pour prévenir le givrage.

25. **Commandes du circuit d'oxygène** : Deux (trois sur les avions récents) cylindres fournissent l'oxygène à un détendeur standard (63) avec une prise baïonnette sur le côté droit. Sur les avions récents, un économiseur est installé. Un équipement similaire est installé au poste de l'Observateur.

COMMANDES DE L'ARMEMENT (sur les avions récents)

26. **Viseur pour le torpillage** (sur la version d'avion torpilleur uniquement) La commande du viseur manuel (16) est sur le tableau de bord avec un interrupteur et un variateur pour régler l'intensité de l'illumination (6) à la droite du tableau de bord.

27. **Le coupe-circuit principal des bombes et torpille** (90), qui commande à la fois les circuits des bombes et de la torpille, est sur le tube structurel de droite sous la fenêtre. Pour le torpillage, les appareils photographiques F.46 et "bantam" sont présélectionnés par l'interrupteur principal des appareils photographiques. [32]

28. **Commande de réglage de la profondeur pour la torpille** (sur la version d'avion torpilleur uniquement) : La poignée de commande, avec un indicateur de profondeur intégré, est placée sur le plancher devant le siège de l'Observateur, sous un couvercle articulé.

---

[31] OFF = Robinet fermé ; PORT = Dégivrage du Venturi gauche ; STB'D = Dégivrage du Venturi droit ; PORT AND STB'D = Dégivrage des deux Venturi.

[32] L'appareil photographique panoramique F.46 était fabriqué par la compagnie californienne Solar Aircraft. L'appareil photographique Bantam était produit par Kodak.

29. Interrupteurs de sélection et d'armement des bombes et torpille

(i) Un commutateur deux-voies (91) sur le côté droit du fuselage sélectionne les bombes de gauche et/ou de droite. Sur les avions de la version de torpillage, l'interrupteur de gauche qui est peint en rouge sélectionne aussi le circuit de libération de la torpille. Un voyant d'alarme rouge s'allume pour indiquer que l'armement a été sélectionné et s'éteint après le largage. Après avoir pressé le bouton de libération des bombes, vérifiez que les bombes ont bien toutes été larguées en ouvrant (OFF) le commutateur de distribution. Si le voyant rouge reste allumé, l'une (ou les deux) bombe(s) n'a (n'ont) pas été libérée(s).

(ii) Des interrupteurs d'armement (87) des détonateurs de tête et de queue des bombes sont installés.

30. Coupe-circuit principal et sélecteur des charges sous les ailes [33]
Le coupe-circuit principal (62) est sur la paroi du fuselage en arrière des commandes des moteurs. Le sélecteur (2), pour le lancement par paires ou en salve, est sur le côté gauche du pare-brise central. Quand des charges sont emportées sous les ailes, les feux d'atterrissage sont recouverts et leur interrupteur est sous une garde de protection pour en empêcher l'usage. La cinémitrailleuse de l'aile gauche est présélectionnée par le coupe-circuit principal sur la console de droite, sous la commande du compensateur des ailerons.

31. Libération des bombes, torpille et charges sous les ailes : Le bouton (73) sur la manette des gaz du moteur droit libère l'armement sélectionné. Il met également en marche automatiquement les appareils photographiques F.46 et "bantam" quand ils ont été présélectionnés (se reporter au Paragraphe 27).

32. Commandes des armes de bord : Sur les premiers avions, un bouton sur le volant du manche à balai met à feu toutes les armes ensemble. Sur les avions récents, ce bouton met à feu les mitrailleuses des ailes (si installées), et une gâchette sur le même support (7) commande le tir des canons de 20 mm. La cinémitrailleuse G.45 est mise en marche automatiquement soit par le bouton, soit par la gâchette, soit indépendamment par le bouton (5) qui est également sur le volant.

33. Collimateur : Le collimateur à réflexion (3) est au-dessus du tableau de bord, la prise du système d'illumination et le variateur (1) sont sous le pare-brise à gauche.

---

[33] Par "charges sous les ailes", comprendre ici "rails de lancement de roquettes".

PARTIE II -
PILOTAGE

34. **Utilisation du circuit du carburant**

(i) Décollez et montez sur les réservoirs des sections intérieures des ailes.

(ii) En vol en palier, les réservoirs des sections extérieures des ailes doivent être utilisés en premier.

(iii) À une altitude de sécurité, les réservoirs peuvent être employés jusqu'à épuisement, mais, particulièrement lors de vols à basse altitude, il est préférable de changer de réservoir quand la jauge du réservoir en cours d'usage indique 20 gallons *(91 litres)*.

(iv) Si possible, l'approche d'atterrissage ne doit pas être réalisée sur des réservoirs contenant moins de 20 gallons *(91 litres)*.

(v) L'avion doit normalement être utilisé avec le robinet d'équilibrage fermé (OFF) sauf :

    (a) Si tout le carburant d'un côté a été utilisé ou perdu.

    (b) En cas de panne d'un moteur (se reporter aux paragraphes 57 et 58).

35. **Préliminaires**

NOTE : Sur les chasseurs de torpillage, les trappes sous le fuselage ne peuvent pas être utilisées comme entrée lorsque la torpille est en place ; il faut donc passer par la trappe du toit du poste de pilotage et par le dôme de l'Observateur. Les avions récents ont des leviers de verrouillage extérieurs, mais quand ces derniers ne sont pas montés les trappes doivent être déverrouillées de l'intérieur avant d'installer la torpille sous l'avion.

Dès l'entrée dans le poste de pilotage, réglez ou vérifiez les points suivants :

(i) Levier du circuit hydraulique   .. Sur la position ON.

(ii) Levier du train d'atterrissage   .. Sur la position DOWN, goupille de blocage engagée.

(iii) Mettez en marche l'indicateur et vérifiez qu'il indique DOWN.

(iv) Vérifiez la pression des freins   .. Minimum 100 lb./sq.in. *(6,9 bars)*.

(v) Freins   ..   ..   .. Serrés (après avoir testé le palonnier).

(vi) Mettez les jauges du carburant en marche et vérifiez le contenu des réservoirs.

36. **Mise en marche des moteurs et montée en température**

(i) <u>Réglez les commandes comme suit</u> :

Robinet d'équilibrage	Fermé (OFF).
Robinets du carburant	Ouverts (ON) sur les réservoirs des sections intérieures des ailes.
Manettes des gaz	Ouvertes de 0,75 pouce *(1,9 cm)*. Ne pompez pas les manettes des gaz car ceci créera un mélange trop riche.
Mélange	Position NORMAL (si cette commande est fonctionnelle).

Hélices
    Hydromatic
    De Havilland 20°
	[Commandes] complètement en avant.
	[Commandes] complètement en arrière.

Compresseurs	Rapport M.
Prises d'air	Air froid.
Volets des capots des moteurs	Ouverts.

(ii) Il n'est pas nécessaire d'amorcer les carburateurs, sauf si l'avion n'a pas été utilisé pendant une semaine ou plus. Si nécessaire, ceci doit être fait par l'équipe au sol.

(iii) Faites tourner chaque moteur à la main sur au moins deux tours complets de l'hélice de façon à être sûr qu'il n'y a plus d'huile qui causerait un blocage hydraulique des pistons ou des chemises. [34]

(iv) Du carburant à haute volatilité (réf. magasins 34A/111) doit être employé si une connexion externe d'amorçage est installée, pour amorcer aux températures de l'air au-dessous de zéro. Demandez à l'équipe au sol d'activer la pompe d'amorçage du système d'admission jusqu'à ce que les tuyauteries d'aspiration et d'admission soient amorcées. Ceci peut être estimé par une augmentation soudaine de la résistance du piston de la pompe.

(v) Alimentez les magnétos et demandez à l'équipe au sol de faire de même pour les magnétos de démarrage (si installées).

(vi) Fermez (ON) les coupe-circuits principaux des démarreurs (si installés) et enfoncez le bouton du démarreur pour chaque moteur à tour de rôle, pour des périodes de 20 secondes au plus, avec une attente de 30 secondes entre chaque essai. L'équipe au sol amorcera le système d'admission de chaque moteur pendant qu'il est mis en rotation *[par le démarreur]* ; il doit démarrer après le nombre suivant de coups de pompe d'amorçage (moteur froid) :

---

[34] Le moteur Bristol Hercules (comme le Napier Sabre) a des chemises louvoyantes qui tiennent le rôle des soupapes : sous l'effet d'un excentrique, la chemise se déplace d'un côté à l'autre en découvrant ou recouvrant les lumières d'admission et d'échappement.

Température de l'air en °C	+30	+20	+10	0	- 10	- 20
Nombre de coups de pompe :						
Carburant normal	3	4	7	12		
Carburant à haute volatilité				4	8	18

Si des pompes K.40 (40 cm^3 utiles) sont installées, divisez les chiffres ci-dessus par quatre, en donnant un coup de pompe incomplet si nécessaire.

(vii) Il sera probablement nécessaire pour l'équipe au sol de continuer l'amorçage après que le moteur ait commencé à tourner de lui-même et jusqu'à ce qu'il s'alimente à partir du carburateur.

(viii) L'équipe au sol coupera l'alimentation des magnétos de démarrage (si installées) et revissera les pompes d'amorçage dans leurs logements.

(ix) Laissez les moteurs tourner aussi lentement que possible pour les premières trente secondes, puis montez en température à environ 1.000 tr/min. Si l'huile a été diluée après le fonctionnement précédent, il est particulièrement important de surveiller la pression de l'huile durant la montée initiale en température, car il n'y a pas de puits chaud dans les réservoirs d'huile. [35]

(x) <u>Hélices De Havilland 20°</u> : Quand les moteurs ont tourné pendant environ une minute, déplacez lentement les commandes de vitesse des hélices complètement en avant.

NOTE : Sur les avions équipés d'hélices 20° : Quand les moteurs sont gardés chauds en prévision d'un décollage immédiat *[sur alerte]*, les commandes d'hélices doivent être gardées complètement en avant.

37. **Essai des moteurs et des systèmes**

<u>Durant la montée en température</u> :

(i) Vérifiez les pressions hydrauliques sur chaque moteur (si les manomètres sont installés).

(ii) Vérifiez la dépression créée par les pompes à vide, si le manomètre est installé.

<u>Après la montée en température, pour chaque moteur à tour de rôle</u> :

NOTE : Les essais complets suivants doivent être effectués après une réparation, une révision (autre que l'entretien quotidien), ou à la discrétion du pilote. Normalement ils peuvent être réduits par des instructions locales.

---

[35] Les réservoirs d'huile d'autres avions disposent parfois d'un "puits chaud" qui forme un compartiment séparé auquel l'huile ne peut accéder qu'en passant par de petits trous, qui favorisent le passage de l'huile chaude au dépend de l'huile froide plus visqueuse. L'huile revenant du moteur est déversée dans ce "puits chaud" et est donc re-circulée plus rapidement en attendant que le reste du réservoir se réchauffe. En l'absence de "puits chaud", le réservoir d'huile risque d'envoyer de l'huile froide très visqueuse, faisant monter la pression, d'où la recommandation de la surveiller.

(iii)   Augmentez la puissance sans dépasser 1.500 tr/min et vérifiez le bon fonctionnement du compresseur à deux vitesses (sauf si le rapport S a été rendu inopérant) : la pression d'huile doit momentanément baisser à chaque changement.

(iv)   Ouvrez la manette des gaz jusqu'à la pression d'admission de croisière sur mélange pauvre et vérifiez le bon fonctionnement *[du régulateur]* de l'hélice à vitesse constante. Manœuvrez-la plusieurs fois si la réponse est lente.

(v)   Ouvrez la manette des gaz en grand et vérifiez que l'on obtient la pression d'admission de décollage et la vitesse de rotation statique du moteur (2.800 tr/min).

(vi)   Avec la commande d'hélice complètement en avant, ramenez la manette des gaz à la pression d'admission de croisière sur mélange riche. Si le régulateur de vitesse constante de l'hélice fonctionne à cette pression d'admission, fermez la manette des gaz jusqu'à ce que les tr/min tombent légèrement et testez chaque magnéto à tour de rôle. La baisse ne doit pas excéder 50 tr/min.

38. **Roulage au sol**

(i)   Avant le roulage au sol, assurez-vous que l'équipe au sol retire et montre les goupilles de verrouillage du train d'atterrissage, puis les range dans l'avion.

(ii)   Demandez à l'équipe au sol de vérifier que les deux trappes d'évacuation d'urgence sont correctement fermées.

(iii)   La pression du circuit de freinage ne doit pas tomber sous 100 lb./sq.in. *(6,9 bars)*.

39. **Checklist pour le décollage** [36]

H = Hydraulic power lever = Levier du circuit hydraulique	Sur la position ON.
T = Trimming Tabs = réglage des compensateurs	
Profondeur	1 pouce *(2,5 cm)* à piquer sur l'indicateur (un peu plus avec une torpille sous le fuselage).
Ailerons et direction	Au neutre.
M = Mixture = Mélange	Sur la position NORMAL.
P = Propeller controls = Commandes des hélices	Complètement en avant.
F = Fuel = Carburant	Vérifiez le contenu. Robinets ouverts sur INNER TANKS ON.

---

[36] Les points essentiels des check-lists étaient présentés sous la forme de raccourcis mnémotechniques que les pilotes devaient apprendre par cœur et qui variaient peu d'un avion à l'autre : par exemple pour le Dakota I, III ou IV : TMPFF ; pour le Halifax II ou V : TPFF.

F = Flaps = Volets hypersustentateurs	Rétractés ou abaissés de 15°. Sélecteur au point mort.
Compresseurs	Rapport bas (M).
Volets des capots des moteurs	1/3 ouverts.
Verrouillage de la roulette de queue (si installé)	Verrouillée (après avoir tourné face au vent).

NOTE : (a) Dans les conditions normales, l'utilisation des volets hypersustentateurs n'est pas nécessaire, mais on peut en utiliser 15° pour décoller de terrains restreints. Lorsqu'une torpille est emportée, il est recommandé d'utiliser 15° de volets hypersustentateurs.

(b) Si une torpille est emportée, placez l'interrupteur principal et celui de sélection pour la libération ; la torpille pourra ainsi être larguée rapidement en cas d'urgence durant, ou peu après le décollage.

40. Décollage

(i) Roulez sur quelques mètres face au vent pour centrer la roulette de queue.

(ii) Pour s'assurer que les deux moteurs répondent de manière identique, ouvrez *[les manettes des gaz]* lentement à environ 2.000 tr/min, puis ouvrez rapidement de façon franche jusqu'à la position de décollage.

(iii) Toute légère tendance à virer à droite peut être facilement corrigée en ouvrant la manette des gaz droite légèrement plus en avant que celle de gauche jusqu'à ce que la gouverne de direction devienne efficace.

(iv) Relevez l'empennage tôt pour diminuer la tendance à virer (et à "sautiller" sur un terrain inégal). Maintenez le nez de l'avion sur une attitude constante et laissez l'avion décoller de lui-même.

41. Après le décollage

(i) La vitesse de sécurité est 160 m.p.h. [37] (140 nœuds - *257 km/h*) au badin. [38]

(ii) Relevez le train d'atterrissage dès que l'avion est en vol en sécurité. Le verrou de pouce sur le levier de commande ne doit pas être débloqué ; il ne bloque pas le levier sauf si les roues sont au sol.

S'ils avaient été abaissés, relevez les volets hypersustentateurs à une altitude de sécurité. Lorsqu'une torpille est emportée, laissez les volets au réglage de décollage jusqu'à ce qu'une vitesse de 160 m.p.h. (140 nœuds - *257 km/h*) au badin est atteinte.

---

[37] Unité de vitesse britannique : "milles terrestres par heure", laissée ici sous l'abréviation anglaise comme dans les documents traduits à l'époque en français. La valeur convertie en km/h a été ajoutée lors de la traduction.

[38] Les avions du Coastal Command et de la Fleet Air Arm (Aéronavale britannique) avaient des Badins calibrés en nœuds pour faciliter leur travail quotidien avec des cartes marines et avec la Royal Navy.

NOTE : Ceci ne doit pas être interprété comme une autorisation d'abaisser les volets hypersustentateurs à des vitesses supérieures à 150 m.p.h. (130 nœuds - *241 km/h)* au badin.

(iii) Placez le levier du circuit hydraulique sur la position OFF (ceci est important pour éviter une surchauffe des pompes).

(iv) Si une torpille est emportée, replacez les interrupteurs en position de sécurité à 1.000 pieds *(305 m)*.

42. **Montée**

(i) La vitesse recommandée pour la montée est 160 m.p.h. (140 nœuds - *257 km/h)* au badin.

(ii) Pour un contrôle plus facile, en particulier aux fortes charges au décollage avec de mauvaises conditions de visibilité, une vitesse plus élevée de 170 m.p.h. (150 nœuds - *274 km/h)* au badin sera souhaitable (180 m.p.h. (157 nœuds - *290 km/h)* au badin pour les avions de la version Mark X à une masse au décollage de 25.500 livres *(11.567 kg)).*

43. **Pilotage général**

(i) <u>Commande de la profondeur</u> : La commande des compensateurs est très puissante et si elle doit être utilisée pour aider aux manœuvres, elle doit être manipulée lentement et précautionneusement pour éviter d'imposer des efforts structurels excessifs.

(ii) <u>Stabilité</u> : Les stabilités directionnelle et latérale sont satisfaisantes. Stabilité longitudinale : aux grandes vitesses, l'avion est confortablement stable et juste stable à la vitesse de croisière. Aux vitesses plus basses, par exemple en montée ou lors de l'approche, il est légèrement instable. Toutefois, il est juste stable en vol plané avec les moteurs à l'arrêt (que les volets hypersustentateurs et le train d'atterrissage soient relevés ou abaissés). Bien que stable en vol en palier, le vol de nuit ou dans les nuages n'est pas conseillé car le contrôle devient difficile sous (180 m.p.h. (157 nœuds - *290 km/h)* au badin.

NOTE : Un certain nombre d'avions n'ont pas été équipés d'un empennage horizontal à dièdre positif. [39] On se rendra compte que ces avions sont considérablement instables longitudinalement dans toutes les conditions de vol, et il faut être particulièrement vigilant aux basses vitesses et aux fortes charges.

(iii) <u>Changements d'assiette</u> :

	Tendance
Volets hypersustentateurs abaissés	À piquer.
Train d'atterrissage abaissé	Légèrement à piquer.
Volets des capots des moteurs ouverts	À piquer.

---

[39] Sur un empennage à dièdre positif, les plans horizontaux de l'empennage forme un 'V' (aplati) lorsque l'avion est vu de face ; autrement dit, les extrémités des plans horizontaux sont plus hautes que leurs racines.

Aérofreins en cours d'ouverture	Légèrement à cabrer.
Lancement de la torpille	Pas de changement.

(iv) <u>Manœuvrabilité</u> : Lorsqu'une torpille est emportée, la manœuvrabilité est légèrement dégradée dans tous les régimes de vol.

(v) <u>Contrôle dans les virages</u> : Entamer un virage serré à partir du vol en palier à 230 m.p.h. (200 nœuds - *322 km/h*) au badin demande une force considérable sur le manche à balai, mais au fur et à mesure que le virage se resserre et que la vitesse baisse, l'avion a tendance à resserrer le virage ; une légère pression vers l'avant doit être appliquée sur le manche à balai pour corriger ceci. Durant la partie initiale du virage, de légères vibrations se produisent dans les gouvernes de profondeur, puis disparaissent quand le virage tend à se resserrer. Il y a un ample avertissement du décrochage, qui est précédé par un braquage spontané des ailerons, mais un léger déplacement vers l'avant du manche suffit pour réduire le taux de virage.

(vi) <u>Pilotage à des vitesses réduites</u> :
   (a) Lors d'un vol par mauvaise visibilité près du sol, ouvrez les fenêtres latérales du poste de pilotage.
   (b) N'abaissez pas le train d'atterrissage, sauf pour faire un atterrissage de précaution sur un terrain sûr.
   (c) Pour conserver la manœuvrabilité, une vitesse de 150 m.p.h. (130 nœuds - *241 km/h*) au badin doit, si possible, être maintenue. Si nécessaire, elle peut être réduite à 130 m.p.h. (112 nœuds - *209 km/h*) au badin (ou à 120 m.p.h. (103 nœuds - *193 km/h*) au badin avec les volets hypersustentateurs abaissés d'un strict minimum d'environ 15-20°).
   (d) La vitesse de rotation des moteurs doit être maintenue aux tr/min maxima de croisière de façon à ce qu'une large marge de puissance soit disponible si les manettes des gaz doivent être ouvertes soudainement en cas d'urgence.

(vii) <u>Prises d'air chaud et d'air froid</u> : L'air chaud doit être utilisé seulement par conditions givrantes (se reporter à l'A.P.2095, 2nde édition "*Notes générales pour les Pilotes*", Partie II, Note C).

(viii) <u>Vol sur un cap au compas</u> : Le tir des canons de 20 mm, que ce soit en combat ou dans d'autres circonstances, perturbe la déviation du compas P.4. [40] La déviation peut être restaurée à celle qui est indiquée sur la carte du compas en tirant une rafale d'une seconde (environ 10 obus par canon) en volant en palier sur un cap au compas au Nord. Ceci doit être fait dès que possible, et dans tous les cas avant l'atterrissage. Dans l'intérim, le compas de l'Observateur, qui n'est pas perturbé par le tir, doit être utilisé.

---

[40] La déviation du compas est la différence entre le vrai Nord magnétique et celui qui est affiché par le compas, qui est influencé non seulement par le champ magnétique terrestre mais aussi par la structure de l'aéronef, la proximité d'objets métalliques, de champs magnétiques ou d'équipements électriques.

44. **Perte de vitesse - décrochage**

Les vitesses de décrochage au badin sont les suivantes en m.p.h – nœuds *(km/h)* :

	Volets hypersustentateurs et train d'atterrissage			
	Relevés		Abaissés	
	À 19.500 livres *(8.845 kg)*	À 23.000 livres *(10.433 kg)*	À 19.500 livres *(8.845 kg)*	À 23.000 livres *(10.433 kg)*
Badin connecté à la sonde Pitot	102 – 88 *(164)*	106 – 92 *(171)*	78 – 68 *(126)*	85 – 74 *(137)*
Badin connecté à la prise de pression statique	110 – 95 *(177)*	114 – 100 *(118)*	88 – 75 *(142)*	96 – 83 *(154)*

Il y a de légères vibrations dans tous les cas immédiatement avant le décrochage. À 25.500 livres *(11.657 kg)*, quand la vitesse tombe sous 120 m.p.h. (103 nœuds - *193 km/h*) au badin, le manche à balai a tendance à revenir en arrière et il faut re-régler les compensateurs vers l'avant. Le contrôle des ailerons est perdu à 115 m.p.h. (100 nœuds - *185 km/h*) au badin, bien que le décrochage complet ne devrait pas se produire au-dessus d'environ 110 m.p.h. (95 nœuds - *177 km/h*) au badin. Le décrochage est à plat, sauf avec une torpille ou avec des charges sous les ailes, auxquels cas l'aile droite s'abaisse.

45. **Piqué**

(i) Laissez la commande de vitesse des hélices pour obtenir les tr/min de croisière.

(ii) Les compensateurs doivent être réglés avant l'entrée et à la sortie du piqué. Lors de la ressource, qui doit être aussi graduelle que possible en particulier aux charges élevées, la commande des compensateurs de profondeur doit être utilisée lentement (se reporter au paragraphe 43(i)). Lorsqu'une torpille est emportée, les efforts sur la gouverne de direction sont importants et une aile a tendance à s'abaisser dans la direction du lacet.

(iii) Utilisation des aérofreins :

  (a) <u>Attaque à basse altitude</u> : Si la vitesse d'approche est trop élevée pour libérer la torpille, ouvrez les aérofreins, réduisez les gaz et quand la vitesse de lancement est atteinte, ouvrez les manettes des gaz pour garder cette vitesse constante. Pour le "dégagement" qui suit le lancement de la torpille, poussez la commande des aérofreins en avant pour les fermer, les commandes des hélices complètement en avant (si ce n'est pas déjà la cas) et ouvrez en grand les manettes des gaz pour la performance maximale.

  (b) <u>Attaque en piqué avec départ en altitude</u> : Ouvrez les aérofreins immédiatement avant de basculer dans le piqué d'attaque. Fermez les manettes des gaz si une course courte est nécessaire. La ressource doit être entamée environ 300-400 pieds *(90-120 m)* au-dessus de l'altitude de libération des bombes, car l'utilisation ample des gouvernes de profondeur peut entrainer un enfoncement excessif. Ouvrez les manettes des gaz quand la vitesse de libération est atteinte et procédez comme pour l'attaque à basse altitude.

(c) <u>Généralités</u> : Avec les aérofreins ouverts, certaines vibrations peuvent être ressenties dans les ailerons. À part la décélération, il y a peu de changement d'assiette. L'avion est facile à manœuvrer à la fois dans le piqué et en palier avec les aérofreins ouverts, et des manœuvres de dégagement, même violentes, sont possibles. Manœuvrer à basse altitude au-dessus de l'eau est sûr et facile. Il n'y a pas d'enfoncement significatif quand les aérofreins sont fermés, du moment que la vitesse au badin est au-dessus de 140 nœuds *(259 km/h)*.

NOTE : Sous certaines conditions, généralement quand les aérofreins sont ouverts dans un virage très incliné, un aérofrein a tendance à s'ouvrir avant l'autre, ce qui incline l'avion et le fait partir en lacet de façon inquiétante. Toutefois, cet effet n'est pas sérieux et peut être corrigé efficacement en utilisant les ailerons et le palonnier. Les aérofreins doivent être manœuvrés de façon franche et relâchés d'un coup : il ne faut pas tenter d'obtenir des réglages intermédiaires.

46. **Approche et atterrissage**

(i) <u>Stabilité</u> : La stabilité diffère fortement entre les avions qui ont été modifiés et les autres (se reporter au paragraphe 43(ii)). Sur les avions non modifiés, l'instabilité en vol plané est augmentée quand les volets hypersustentateurs sont abaissés. Il est recommandé qu'ils soient abaissés de 20° dans le circuit d'approche ou en travers du vent avant le dernier virage pour se trouver face au vent. Les pleins volets hypersustentateurs doivent être utilisés après le dernier virage, particulièrement de nuit.

(ii) <u>Approche préliminaire</u> : L'abaissement du train d'atterrissage peut être commencé à 170 m.p.h. (150 nœuds – *273 km/h)* au badin, et celui des volets hypersustentateurs à 150 m.p.h. (130 nœuds – *241 km/h)* au badin. La vitesse doit être réduite à 135 m.p.h. (116 nœuds – *217 km/h)* au badin dès que possible après que le train d'atterrissage soit complètement descendu et avant que les volets hypersustentateurs soient entièrement abaissés.

(iii) <u>Vérifications avant l'atterrissage</u> :

Freins	Vérifiez la pression (100 lb./sq.in. *(6,9 bars)*.
Compresseurs	Rapport M.
H = Hydraulic power lever = levier du circuit hydraulique	Position de marche (ON).

U = Undercarriage = train d'atterrissage	Abaissé.
M = Mixture = mélange	Position NORMAL.
P = Propeller = hélices	Commandes de vitesse complètement en avant.
F = Fuel = Carburant	Contenu des réservoirs et réglage des robinets.
F = Flaps = Volets hypersustentateurs	20° (complètement abaissés après le virage final face au vent).
Verrouillage de la roulette de queue (si installé)	Verrouillé.

(iv) Les vitesses au badin recommandées pour l'approche finale à 21.000 livres *(9.525 kg)* sont :

Volets hypersustentateurs	**Abaissés**	**Relevés**
Approche au moteur	100 m.p.h. (87 nœuds - *161 km/h)*	120 m.p.h. (105 nœuds - *193 km/h)*
Avec une torpille emportée	Plus de 110 m.p.h. (95 nœuds - *177 km/h)*	
Vol plané	115 m.p.h. (100 nœuds - *185 km/h)*	135 m.p.h. (118 nœuds - *217 km/h)*

NOTE : (i) Les virages durant l'approche en vol plané doivent être faits de 5 à 10 m.p.h. *(8 à 16 km/h)* au-dessus de ces vitesses, et les virages à forte inclinaison, ou près de sol, ne doivent pas être tentés.

(ii) Avec le badin connecté aux prises de pression statique, ajoutez environ 20 m.p.h. (17 nœuds - *32 km/h)*.

(v) Atterrissage avec une torpille sous le fuselage :

(a) Concentrez-vous sur la vitesse durant l'approche finale.

(b) L'avion ne doit pas être posé à plus de 21.000 livres *(9.525 kg)*. Si nécessaire, larguez tout le carburant, excepté 200 gallons *(909 litres)*.

(vi) Lorsque des freins jumelés sont installés, ils doivent être utilisés progressivement durant la course d'atterrissage. Une pression de 85-90 lb./sq.in. *(5,9 – 6,2 bars)* fournit toute la puissance de freinage que l'on peut appliquer en sécurité.

47. **Atterrissage manqué**

(i) L'avion prendra aisément de l'altitude à la puissance de montée avec les volets hypersustentateurs et le train d'atterrissage abaissés.

(ii) Rétractez le train d'atterrissage immédiatement.

(iii) Montez à 120 m.p.h. (105 nœuds - *193 km/h*) au badin (si une torpille
est présente : 132 m.p.h. (115 nœuds - *212 km/h*) au badin) et relevez
les volets hypersustentateurs une fois qu'une altitude d'au moins 300
à 400 pieds *(90 à 120 m)* est atteinte. Les volets hypersustentateurs se
rétractent lentement et il y a une légère tendance à s'enfoncer, mais
seulement quand ils passent de 20° abaissés à la position
"complètement relevés", avec un petit changement d'assiette vers une
attitude cabrée.

48. Après l'atterrissage

(i) Ouvrez les volets des capots des moteurs, remontez les volets
hypersustentateurs, et si un verrouillage de la roulette de queue est
présent déverrouillez-le avant de rouler au sol.

(ii) Avec des hélices De Havilland 20°, réglez les commandes de vitesse
complètement en arrière et augmentez suffisamment la puissance des
moteurs pour passer sur le grand pas.

(iii) Laissez le levier du circuit hydraulique sur la position de marche (ON).

(iv) Laissez tournez les moteurs au ralenti à 800 - 900 tr/min pendant
deux minutes, puis arrêtez-les en tirant les étouffoirs des carburateurs
et fermez les manettes des gaz. Coupez l'allumage et tous les
équipements électriques après l'arrêt des moteurs et fermez les
robinets du carburant. Les étouffoirs des carburateurs doivent être
lâchés pour revenir de façon franche, car ils ont tendance à se coincer
en position tirée.

(v) Assurez-vous que les goupilles de verrouillage de sécurité du train
d'atterrissage sont remises en place.

49. Dilution d'huile

Se reporter à l'A.P. 2095. Retenez que la période correcte de dilution de
l'huile est d'une minute durant laquelle les moteurs doivent tourner de
900 à 1.000 tr/min (*se reporter également au* paragraphe 36(ix)).

50. Approche radioguidé [41]

NOTE : (i) Pour le décollage avec les volets hypersustentateurs relevés
ou abaissés de 20°, l'altimètre indique -50 pieds *(-15 m)* au
moment où les roues quittent le sol s'il a été mis à zéro avant
le décollage.

(ii) Les corrections ci-après ne s'appliquent pas avec les
instruments connectés aux prises de pression statiques.

---

[41] Les codes 'Q' sont des abréviations standardisées permettant des échanges efficaces en
morse. Ces codes ont été initialement approuvés internationalement en 1912 et se sont
enrichis au fil des ans. Pour ne détailler que ceux utilisés ici :

Code	Question
Q.D.R.	Quel est mon cap magnétique par rapport à vous ?
Q.F.E.	Quelle est la pression atmosphérique au sol ?

Phase	Altitude lue * pieds *(m)*	Vitesse Badin nœuds *(km/h)*	Régime moteur tr/min	Pression d'admission lb./sq.in. *(mbar)*	Manœuvres	Changements d'assiette
DÉBUT DE PRÉSENTATION	1.500 *(460)*	140 *(259)* 125 *(232)*	2.400 2.400	-1,5 *(-103)* -0,5 *(-34)*	Réglez : volets de capot à demi-ouverts ; volets hypersustentateurs 20°. Abaissez le train au Q.D.R. au-dessus de l'aérodrome.	Légèrement à piquer. À piquer.
PASSAGE SUR LA RADIOBALISE ÉLOIGNÉE	600-700 *(183-215)*	95 *(176)*	2.400	-3 à -4 *(-207 à -276)* +2 *(+138)*	Réglez : volets hypersustentateurs complètement abaissés.	*[Cette pression d'admission] devrait permettre le vol en palier pour cette phase à 21.000 livres (9.525 kg).* **
PASSAGE SUR LA RADIOBALISE RAPPROCHÉE	100 *(30)*	90-95 *(167-176)*	2.400			
ATTERRISSAGE MANQUÉ RÉCLAMANT UNE REMISE DES GAZ ET UNE NOUVELLE APPROCHE	Jusqu'à 400 *(122)*	105-110 *(194-204)*	2.400	+6 *(+414)*	Rééquilibrez et relevez le train. Réglez les volets hypersustentateurs à 20°. Relevez les volets hypersustentateurs. Ajustez la pression d'admission et les tr/min à 1.000 pieds *(300 m)*.	Tendance à cabrer. Pas de changement de l'équilibrage. Légèrement à cabrer.

* Après réglage de l'altimètre pour la pression locale du moment (Q.F.E.) et l'erreur à l'atterrissage, comme suit : A l'atterrissage, avec les volets hypersustentateurs abaissés de 20°, l'altimètre indique -80 pieds *(-24 m)* ; on ajoutera donc 2,6 millibars de Q.F.E., pour obtenir la lecture zéro à l'atterrissage.

** Le document original indique ici 21.000 pieds, ce qui semble être une faute de frappe vu le contexte. Cette erreur n'a pas été corrigée par les deux révisions suivantes des Notes à l'intention des Pilotes.

PARTIE III - CARACTÉRISTIQUES D'UTILISATION

51. Caractéristiques du moteur

  (a) <u>Carburant</u> : Essence à indice d'octane 100 seulement.

  (b) <u>Principales limitations des moteurs Hercules VI, XVI ou XVII</u> :

	£	tr/min	Pression d'admission en lb./sq.in. *(mbar)*	Température en °C	
				Cylindres	Huile
MAX. DÉCOLLAGE JUSQU'À 1.000 pieds *(300 m)*	M	2.900	+8,25 *(569)* +10 *(689)* *		
MONTÉE MAX. CONTINUE LIMITE 1 HEURE	M S	2.400 2.500 †	+6 *(414)*	270 <u>290</u>	90
MAX. RICHE CONTINU	M S	2.400	+6 *(414)*	270 <u>290</u>	80
MAX. PAUVRE CONTINU	M S	2.400	+2 *(138)*	270 <u>290</u>	80
COMBAT LIMITE 5 MINUTES	M S	2.900	+8,25 *(569)* +10 *(689)* *	280 <u>300</u>	100

  £ Rapport du compresseur.

  * La pression d'admission de +10 lb./sq.in. *(689 mbar)* peut être obtenue sur le moteur Hercules XVII avec l'effet de bourrage uniquement. [42] Normalement, la pression d'admission statique n'excédera pas +8,25 lb./sq.in. *(569 mbar)* avec la manette des gaz ouverte en grand.

  † Hercules VI et XVI seulement.

  L'emploi de températures de cylindres plus élevées, qui sont soulignées dans le tableau ci-dessus, est autorisé si les circonstances opérationnelles rendent impraticable le fonctionnement aux températures plus basses.

PRESSION D'HUILE :
    NORMALE   ..   ..   .. 80 à 90 lb./sq.in. *(5,5 à 6,2 bars).*
    MINIMALE D'URGENCE (5 mins)   .. 70 lb./sq.in. *(4,8 bars).*

---

[42] Le terme anglais "ram" a été traduit par "bourrage" dans les documents français de l'époque, probablement pour différencier cet effet de compression dynamique de l'air sur les prises d'air des carburateurs qui font face à l'avant de celui dû au travail du compresseur. Donc RAM AIR = Air bourré (comprendre "compressé dynamiquement").

TEMPÉRATURE D'HUILE MINIMALE POUR LE DÉCOLLAGE :
15°C

PIQUÉ :
Pression d'admission maximale   .. 8,25 lb./sq.in. *(569 mbar)*.
TR/MIN MAXIMA   ..   .. 3.050.

2.900 tr/min peuvent être excédés pendant seulement 20 secondes, avec les manettes des gaz ouvertes d'au moins un tiers et uniquement sur le rapport M.

52. **Corrections des erreurs de position**

À 19.500 livres *(8.845 kg)* les corrections des valeurs indiquées au badin sont les suivantes :

De	120	145	175	205	235	265	milles à l'heure au
À	145	175	205	235	265	300	badin
Ajoutez	4	2	0				m.p.h. ou nœuds
Soustrayez				2	4	6	m.p.h. ou nœuds
De	105	125	150	175	205	230	nœuds au badin
À	125	150	175	205	230	260	

Tableau ci-dessus converti en unités métriques :

De	193	233	282	330	378	426	*km/h au badin*
À	233	282	330	378	426	483	
Ajoutez	6,4	3,2	0				*km/h*
Soustrayez				3,2	6,4	10	*km/h*

NOTE : Avec le badin connecté à la prise de pression statique, les erreurs de position peuvent être négligées.

53. **Limites de pilotage**

(i) L'avion est conçu pour des missions de chasse et de surveillance maritime à grande distance. La mise en vrille intentionnelle et la voltige sont interdites.

(ii) Les vitesses maximales (au badin) sont :

	m.p.h.	nœuds	*km/h*
Piqué	400	345	*644*
Piqué avec une torpille sous le fuselage	300	260	*483*
Abaissement des volets hypersustentateurs	150	130	*241*
Volets hypersustentateurs complètement abaissés	135	116	*217*
Train d'atterrissage en position basse	150	130	*241*
Aérofreins (si installés) en cours d'ouverture ou ouverts	280	240	*451*

(iii) La vitesse minimale recommandée avec les aérofreins ouverts est 140 m.p.h. (120 nœuds – *225 km/h*) au badin.

(iv) <u>Masses maximales</u> :

	Modifications n°773, 792, 878, 879 et 914	
	Incorporées	Non incorporées
Décollage et vol rectiligne uniquement	24.000 livres *(10.886 kg)* * Mk X : 25.500 livres *(11.567 kg)*	21.000 livres *(9.525 kg)*
Atterrissage et tous autres régimes de vol	22.100 livres *(10.024 kg)* †	

* Des virages et des piqués doux sont autorisés à cette masse, mais la ressource doit être graduelle et toute utilisation violente des commandes doit être évitée jusqu'à ce que la masse de l'avion ait été réduite à 22.100 livres *(10.024 kg)*.

† Si nécessaire, larguez tout le carburant, excepté 200 gallons *(909 litres)* pour l'atterrissage.

NOTE : Les Pilotes en cours de formation *[sur cet avion]*, sauf s'ils sont expérimentés et compétents, ne doivent pas voler sur des avions ayant une masse excédant 21.000 livres *(9.525 kg)*.

54. **Performance maximale**

(i) <u>Montée</u> :

   (a) Les vitesses au badin pour le taux maximal de montée sont les suivantes :

	m.p.h.	nœuds	*km/h*
Du niveau de la mer à 12.000 pieds *(3.660 m)*	150	130	*241*
De 12.000 à 16.000 pieds *(3.660 à 4.880 m)*	145	126	*233*
De 16.000 à 20.000 pieds *(4.880 à 6.100 m)*	140	122	*225*
Au-dessus de 20.000 pieds *(6.100 m)*	135	117	*217*

NOTE : Sous réserve de refroidissement satisfaisant sous conditions tropicales.

   (b) Au-dessus de l'altitude plein gaz, [43] au fur et à mesure que la pression d'admission commence à baisser, compensez avec les manettes des gaz.

   (c) Passez sur le rapport S (sauf lorsqu'il est bloqué) quand la pression d'admission a baissé à +3,5 lb./sq.in. *(241 mbar)* sur le rapport M.

---

[43] "Full Throttle Height" aussi appelée "Rated Altitude", et traduite dans les documents en français de l'époque par "Altitude de rétablissement", que l'on pourrait aussi traduire plus littéralement par "altitude plein-gaz". C'est celle pour laquelle la manette des gaz est complètement vers l'avant et la pression d'admission peut être maintenue à une valeur donnée. Au-dessus de cette altitude, la pression d'admission va baisser (donc la puissance va baisser aussi) malgré la manette des gaz ouverte en grand puisque le compresseur travaille déjà au maximum mais l'air se raréfie encore.

(ii) <u>Combat</u> :

Passez sur le rapport S si les pressions d'admission suivantes ne peuvent être obtenues sur le rapport M :

	Au-dessus d'environ	
	Sans filtre tropical	Avec filtre tropical
Hercules VI ou XVI +5,25 lb./sq.in. *(362 mbar)*	12.000 pieds *(3.660 m)*	9.000 pieds *(2.745 m)*
Hercules XVII +7 lb./sq.in. *(483 mbar)*	6.000 pieds *(1.830 m)*	3.000 pieds *(915 m)*

55. **Distance franchissable maximale** (se reporter aux Courbes, pages suivantes)

(i) <u>Montée</u> : Identique à la performance maximale.

(ii) <u>Croisière</u> :

(a) Les vitesses au badin recommandées sont les suivantes :

	m.p.h.	nœuds	*km/h*
Jusqu'à 15.000 pieds *(4.570 m)*	200	174	*322*
De 15.000 à 20.000 pieds *(4.570 à 6.100 m)*	190	165	*306*
De 20.000 à 25.000 pieds *(6.100 à 7.620 m)*	180	157	*290*

(b) <u>Réglez les commandes des moteurs de la façon suivante</u> :

Mélange (si la régulation n'est pas automatique)	Pauvre.
<u>Manettes des gaz</u> Avec le mélange manuel	Sur la pression d'admission maximale du mélange pauvre (+2 lb./sq.in. *(138 mbar)*).
Avec le mélange automatique	Sur la ligne blanche.
Hélices	Ajustez les tr/min pour obtenir la vitesse au badin recommandée (mais sous 1.900 tr/min à cause du fonctionnement irrégulier des moteurs). Aux basses altitudes, maintenez 1.900 tr/min et ne réduisez pas la pression d'admission même si la vitesse au badin recommandée est excédée.
Compresseurs	Rapport M, sauf si la vitesse au badin recommandée ne peut être maintenue à 2.400 tr/min. Dans ce cas, passez sur le rapport S (sauf s'il est bloqué).

56. **Capacité et consommations de carburant** (se reporter aux Courbes, pages suivantes)

(i) Capacité de carburant :

Réservoirs principaux sections intérieures	376 gallons	*(1.709 litres)*
Réservoirs principaux sections extérieures	174 gallons	*(791 litres)*
Total	550 gallons	*(2.500 litres)*
Réservoirs de grande distance	132 gallons	*(600 litres)*
Total pour tous les réservoirs	682 gallons	*(3.100 litres)*

(ii) Les consommations approximatives de carburant pour l'avion sont les suivantes :

(a) Sur mélange riche :

Pression d'admission en lb./sq.in. *(mbar)*	Tr/min	
	2.800	2.400
+6 *(414)*	310 gal/hr *(1.409 litres/hr)*	240 gal/hr *(1.091 litres/hr)*

(b) Sur mélange pauvre : en gallons/heure *(litres/heure)*

Hercules VI ou XVI :

Pression d'admission en lb./sq.in. *(mbar)*	Tr/min					
	Rapport M à 5.000 pieds *(1.520 m)*			Rapport M à 15.000 pieds *(4.570 m)*		
	2.400	2.200	2.000	2.400	2.200	2.000
+2 *(138)*	119 *(541)*	110 *(500)*	102 *(464)*	118 *(536)*	112 *(509)*	108 *(491)*
0	106 *(482)*	98 *(446)*	92 *(418)*	106 *(482)*	102 *(464)*	98 *(446)*
- 2 *(-138)*	-	-	-	-	92 *(418)*	88 *(400)*
- 4 *(-276)*	-	-	-	-	-	80 *(364)*

Ajoutez ou soustrayez pour chaque tranche de 1.000 pieds *(305 m)* au-dessus ou au-dessous des altitudes citées ci-dessus :

Rapport M .. 1 gallon par 2.000 pieds *(4,55 litres par 610 m)*.
Rapport S .. 1 gallon par 1.000 pieds *(4,55 litres par 305 m)*.

Hercules XVII : à 2.000 pieds *(610 m)*

Pression d'admission en lb./sq.in. *(mbar)*	Tr/min				
	2.400	2.200	2.000	1.900	1.800
+2 *(138)*	127 *(577)*	118 *(536)*	108 *(491)*	104 *(473)*	100 *(455)*
0	112 *(509)*	-	-	94 *(427)*	90 *(409)*
- 2 *(-138)*	-	-	-	85 *(386)*	81 *(368)*
- 3 *(-207)*	-	-	-	-	74 *(336)*

BEAUFIGHTER VI

CARBURANT CONSOMMÉ ET DISTANCE PARCOURUE EN MONTÉE

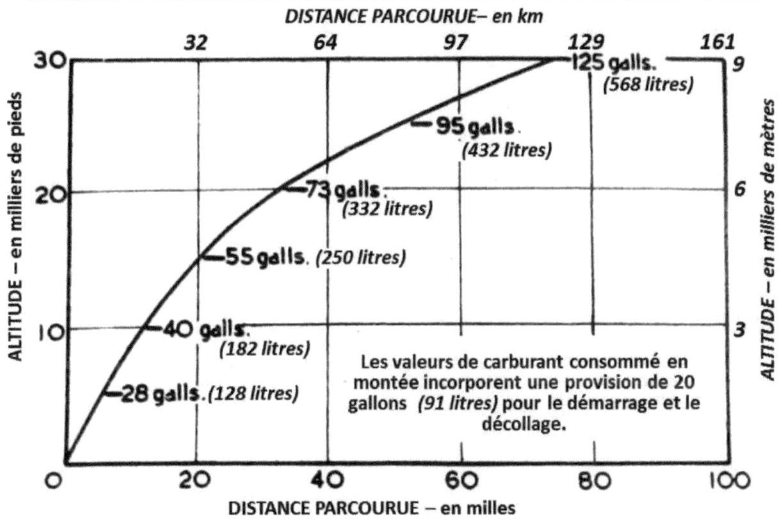

CONSOMMATION EN VOL DE CROISIÈRE

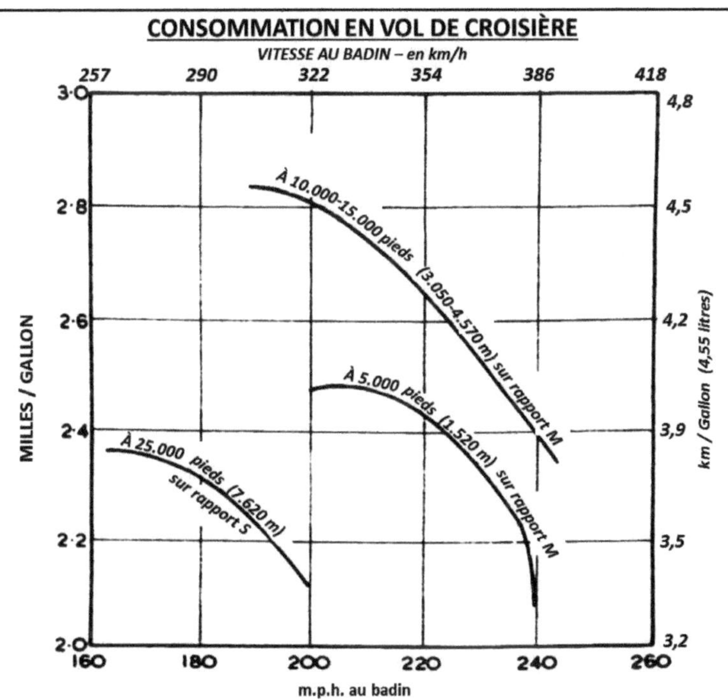

DISTANCE FRANCHISSABLE EN VOL DE CROISIÈRE
À 5.000 PIEDS *(1.520 m)*

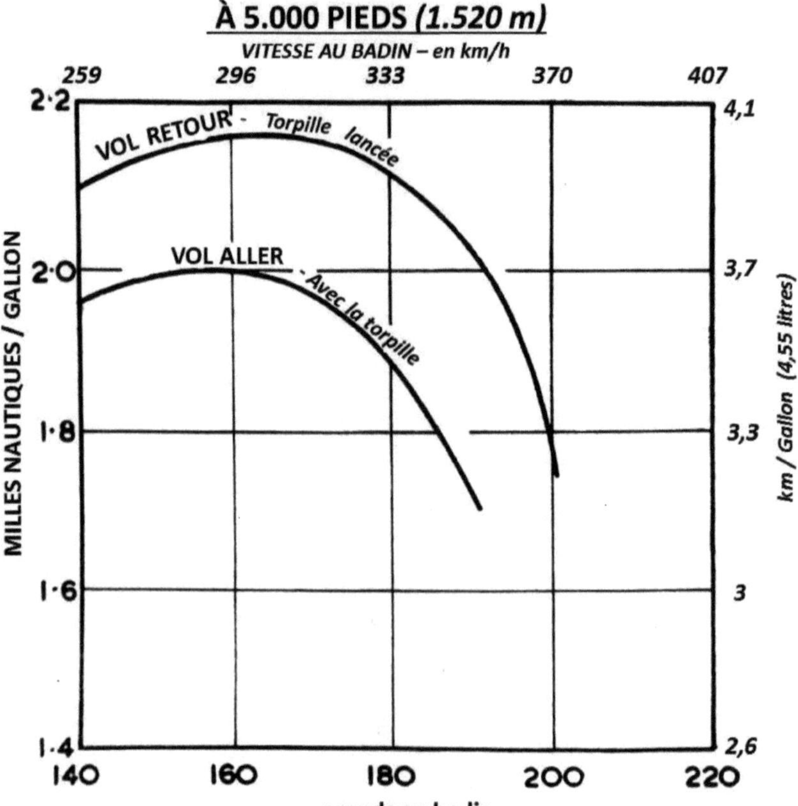

PARTIE IV
SITUATIONS D'URGENCE

57. Panne moteur durant le décollage

(i) Si la vitesse de sécurité, 160 m.p.h. (140 nœuds – *257 km/h*) au badin, n'a pas été atteinte, fermez les deux manettes des gaz et faites le meilleur atterrissage possible.

(ii) S'il est nécessaire de relever le train d'atterrissage alors que l'avion est encore au sol, [44] le verrou de pouce du levier de fonctionnement du train d'atterrissage doit d'abord être libéré.

(iii) Si la vitesse de sécurité a été atteinte, ramenez les manettes des gaz en arrière sur la butée de la pression d'admission nominale (RATED) puis montez à au moins 140 m.p.h. (120 nœuds - *225 km/h*) au badin. Si la panne de moteur se produit au décollage avec une torpille emportée, il faut maintenir 160 m.p.h. (138 nœuds - *257 km/h*) au badin et la pleine puissance jusqu'à ce que la torpille ait été larguée.

(iv) Si l'on soupçonne une cause liée au carburant, montez à une altitude de sécurité (par exemple 3.000 pieds *(915 m))* avant de tenter de rectifier ceci en ouvrant le robinet d'équilibrage (se reporter au Paragraphe 58(vi)).

58. Panne d'un moteur en vol

(i) Maintenez au moins 150 m.p.h. (130 nœuds – *241 km/h*) au badin. À cette vitesse le compensateur de la gouverne de direction peut être réglé pour piloter sans avoir à fournir un effort constant sur le palonnier. La manette des gaz ne doit pas être ouverte au point que la gouverne de direction doive être braquée à fond pour garder l'avion en ligne droite.

(ii) Placez le levier de vitesse de l'hélice du moteur en panne complètement en arrière (si l'on dispose d'hélices qui peuvent être mises en drapeau, activez cette possibilité pour l'hélice du moteur en panne).

(iii) Si l'on vole aux instruments, il est conseillé de fermer d'abord les deux manettes des gaz, puis d'ouvrir lentement celle du moteur valide.

(iv) À n'importe quelle charge normale (sans torpille ou charges sous les ailes) l'altitude peut être maintenue à la puissance de montée sous environ 5.500 pieds (*1.680 m*).

(v) La torpille et/ou les charges sous les ailes doi(ven)t être larguée(s) sauf si :

---

[44] Le but de cette rétraction du train d'atterrissage est de poser l'avion sur le ventre afin d'obtenir un freinage d'urgence, par exemple pour éviter un obstacle en fin de piste.

(a) L'on sait par expérience que l'altitude peut être maintenue avec la quantité restante de carburant, ou ceci peut être testé avant qu'une altitude dangereusement basse ne soit atteinte. Ou,

(b) L'altitude est suffisante pour permettre de larguer le carburant, un peu à la fois (*se reporter au* Paragraphe 60) de façon à réduire suffisamment la masse pour permettre de ramener la torpille à la base.

(vi) Lors de la recherche de la cause de la panne, essayez de faire fonctionner le moteur en panne sur son propre réservoir alternatif. Si ceci ne marche pas, faites un essai avec le robinet d'équilibrage ouvert et tous les réservoirs du côté du moteur en panne isolés. Si le moteur valide montre alors des symptômes de manque de carburant, fermez immédiatement le robinet d'équilibrage. Ce dernier doit uniquement être gardé ouvert si cette position s'avère être la seule qui permet de remettre le moteur en panne en service.

59. **Mise en drapeau et dévirage**

(i) <u>Mise en drapeau</u> :

(a) Pressez le bouton de mise en drapeau et relâchez-le.

(b) Fermez la manette des gaz immédiatement.

(c) Si le moteur doit rester hors service pour un certain temps, coupez l'allumage et fermez le robinet du carburant, mais seulement quand l'hélice a cessé de tourner.

(ii) <u>Dévirage</u> :

(a) Réglez la commande de vitesse de l'hélice complètement en arrière, avec la manette des gaz fermée ou légèrement ouverte.

(b) Alimentez les magnétos et ouvrez le robinet du carburant (s'il était fermé).

(c) Enfoncez le bouton jusqu'à les tr/min atteignent 1.000 à 1.300. Si l'hélice ne repasse en régulation à vitesse constante, ouvrez légèrement la manette des gaz.

ATTENTION : Sauf lorsque des réservoirs d'huile à capacité augmentée ont été installés, la mise en drapeau à des fins d'entrainement ne doit être faite que durant les quatre premières heures de n'importe quel vol, car ensuite il pourrait ne plus y avoir assez d'huile pour permettre le dévirage ultérieur de l'hélice. La mise en drapeau à des fins d'entrainement de l'hélice de droite doit être limitée au minimum car ce moteur entraine le générateur.

60. **Largage du carburant**

En tirant vers le haut le levier rouge (32), sur le tableau de bord juste au-dessus des interrupteurs principaux des magnétos, le carburant des quatre réservoirs principaux est largué. Le levier commande une vanne pneumatique de vidange sur chaque réservoir. Une modification ultérieure permet le largage sélectif indépendant du contenu des réservoirs gauches ou droits. Le levier (32) est alors remplacé par deux leviers similaires marqués PORT et STARBOARD. [45]

NOTE : Avec des réservoirs pleins, la plus grande partie du carburant peut être vidangée des réservoirs principaux des sections intérieures et extérieures des ailes en une minute environ. Pour larguer de façon progressive, tirez le levier (ou les leviers pour les avions avec largage sélectif) pendant quelques secondes à la fois, en vérifiant les jauges de niveau entre chaque opération, jusqu'à ce qu'elles indiquent qu'il ne reste plus que la quantité désirée dans les réservoirs.

61. **Fonctionnement de secours du train d'atterrissage et des volets hypersustentateurs**

(i) N'utilisez jamais le circuit de secours à moins que la pompe normale entraînée par le moteur ne soit en panne. Dans ce cas, utilisez la pompe manuelle du système de secours comme suit :

(a) Placez le levier du circuit hydraulique sur .. OFF.
Placez le sélecteur de secours sur .. .. ON.
Puis pompez.

NOTE : Le train d'atterrissage et les volets hypersustentateurs descendront ensemble que les leviers du train d'atterrissage et des volets hypersustentateurs soient sur la position UP ou la position DOWN (<u>si la Modification n°853 n'a pas été incorporée, le levier des volets hypersustentateurs doit être laissé sur UP ou placé sur DOWN</u>). Le train d'atterrissage et les volets hypersustentateurs ne peuvent pas être relevés par le système de secours.

(ii) Après incorporation de la Modification n°853, pour abaisser seulement le train d'atterrissage placez le levier des volets hypersustentateurs au point mort (sur les avions récents, un couplage remplit cette fonction quand le sélecteur de secours est sur ON). Les volets hypersustentateurs peuvent être abaissés ultérieurement en plaçant le levier des volets hypersustentateurs sur DOWN.

(iii) Si la tentative avec le circuit de secours échoue, essayez la pompe manuelle via le circuit normal de la façon suivante :

Placez le sélecteur de secours sur .. .. OFF.
Placez le levier du circuit hydraulique sur .. ON.
Réglez les leviers du train d'atterrissage et des volets hypersustentateurs comme nécessaire.

Le train d'atterrissage et les volets hypersustentateurs peuvent être relevés et abaissés par cette technique.

NOTE : La descente complète par pompage du train d'atterrissage et des volets hypersustentateurs, que ce soit via les tuyauteries normales ou celles de secours, au rythme d'environ un coup

---

[45]   PORT = Bâbord ; STARBOARD = Tribord.

de pompe complet aller-retour par seconde, prend au moins trois minutes et peut être plus longue.

62. **Extincteurs**

(i) Les extincteurs Graviner [46] fonctionnent automatiquement sous l'action d'un contacteur combiné gravitaire et d'impact dans chaque nacelle des moteurs (le détecteur gravitaire est inopérant quand le train d'atterrissage est rétracté). Deux boutons-poussoir (15) sous une garde de protection, un pour chaque moteur, permettent une activation manuelle.

(ii) Deux extincteurs portables sont rangés comme indiqué par la Figure 6.

(iii) Pour l'action en cas d'incendie d'un moteur en vol, se reporter à l'A.P.2095 *"Notes Générales pour les Pilotes"*.

63. **Trousse de premiers soins**

Une trousse de premiers secours est rangée sur le côté droit du fuselage arrière, en avant du longeron arrière.

64. **Largage d'urgence des bombes :** Sur les avions récents, l'interrupteur de largage des bombes (89) est en avant du coupe-circuit principal des bombes et torpille (90), et un petit interrupteur de largage des containers de petites bombes (92) est en arrière du même coupe-circuit. Avec un chargement panaché, les containers doivent être largués avant les bombes, le coupe-circuit principal doit être fermé (ON) avant que les bombes ne puissent être larguées.

65. **Sorties en cas d'urgence**

(i) (a) Les trappes d'entrée du Pilote et de l'Observateur sont également utilisées comme sorties pour l'évacuation en parachute. Pour ouvrir, tirez franchement sur le cordage de libération du verrou inférieur ; le courant d'air ouvrira la trappe et la poussera dans le verrouillage en position haute. Quand la trappe avant s'ouvre, il peut y avoir un changement d'assiette avec un couple cabreur, mais ceci peut être contré aisément.

(b) L'essai en vol du fonctionnement des trappes d'évacuation, qui doit être fait après chaque inspection mineure, doit avoir lieu à environ 140 m.p.h. (120 nœuds – *225 km/h*) au badin, juste avant l'atterrissage, mais à une altitude de sécurité.

(c) Si une trappe de secours s'ouvre en vol de façon inopportune, une tentative de la refermer doit être faite de la façon suivante :

Trappe arrière à 200 m.p.h. (175 nœuds - *322 km/h*) au badin ou moins.

---

[46] Généralement, à partir de 1939, les avions britanniques étaient dotés d'un système extincteur au bromure de méthyle de marque Graviner (combinaison des mots GRAVité et INERtie) qui se déclenchait soit par un contact gravitaire (si l'avion basculait sur le dos lors d'un atterrissage), soit par un contact inertiel en cas de crash, soit manuellement, soit enfin par un détecteur de 'flammes' (en fait un détecteur de température se déclenchant au-dessus de 140°C).

Trappe avant à 120 m.p.h. (100 nœuds - *193 km/h*) au badin avec les volets hypersustentateurs descendus de 20° et le train d'atterrissage abaissé.

ATTENTION : Sur les avions de torpillage avec une torpille emportée, les trappes sous le fuselage ne peuvent pas être utilisées et les cordages de libération ou leurs mécanismes ne doivent pas être touchés tant que la torpille n'a pas été libérée. S'il n'est pas possible de larguer la torpille, les sorties alternatives doivent être employées. Chaque fois que cela est possible, les trappes sous le fuselage doivent être utilisées pour l'évacuation en parachute de préférence aux sorties alternatives.

(ii) Une sortie de secours supplémentaire est fournie sur le côté droit du poste de pilotage par une fenêtre spéciale qui peut être larguée. Cette fenêtre est maintenue fermée à chaque extrémité par des loquets se bloquant dans des équerres de verrouillage. Elle est larguée en tirant vers l'arrière le levier (98) au centre et en la poussant vers l'extérieur.

(iii) Une trappe dans le toit sert également de sortie. Elle est articulée du côté droit et s'ouvre vers l'extérieur. Elle est maintenue fermée par des loquets se bloquant dans des équerres de verrouillage à chaque bout du côté gauche. Elle peut être ouverte en libérant d'abord les loquets puis en tirant la poignée centrale vers le bas. Un câble est attaché à l'extrémité arrière de la trappe pour l'empêcher de s'ouvrir trop loin. Sur les avions du Commandement de la Chasse, cette trappe dispose d'un panneau coulissant d'observation. Pour l'ouvrir, tirez le levier vers le bas et en arrière. Pour le fermer et le verrouiller, poussez le levier vers l'avant et vers le haut. Le dôme de l'Observateur peut également être utilisé et s'ouvre de la même façon.

66. **Signaux d'urgence**

La signalisation d'urgence (seulement sur les premiers avions) est utilisée uniquement lorsque l'avion doit être abandonné. C'est un circuit complètement indépendant. Il y a un interrupteur et un bouton-poussoir sous une garde de protection (23) pour la signalisation vers l'Observateur. Le bouton-poussoir permet de prévenir l'Observateur de se préparer à abandonner l'avion, et l'interrupteur donne l'ordre final d'évacuer. L'interrupteur ne doit pas être abaissé tant que la lampe d'avertissement (23) sur le tableau de bord n'est pas allumée, informant le Pilote que l'Observateur est prêt à abandonner l'avion. [47]

67. **Équipement de sauvetage air/mer**

<u>Commandes de libération et équipement du canot de sauvetage</u> : Un canot de sauvetage multiplaces est installé, dans un logement qui en permet la libération au gonflage, dans le bord de fuite de l'aile gauche.

---

[47] Contrairement au pilote, l'observateur n'avait pas son parachute attaché en permanence à son harnais. Une fois alerté, il devait donc se détacher de son siège, attraper son parachute et le fixer sur sa poitrine, signaler au pilote qu'il était prêt à sauter et ouvrir la trappe, tout ça dans le noir et dans un avion en perdition.

Ce canot est relié à l'intérieur de la structure de son logement par une ligne de retenue qui a une faible résistance à la rupture. Un paquet contenant des rations, de l'eau potable, des pagaies et des accessoires de signalisation est rangé dans le logement du canot et est relié à la ligne de vie du canot. Il y a trois variantes des installations du canot de sauvetage sur le Beaufighter :

 (i) Avec le canot de sauvetage type "H" et la vanne de gonflage type "G", seule l'opération manuelle est prévue par une poignée sur le couvercle du logement de rangement du canot.

(ii) Avec le canot de sauvetage type "H" et la vanne de gonflage type "H", il y a, en plus d'un contacteur d'immersion pour l'opération automatique électriquement de la tête de fonctionnement type "H", trois commandes de libération manuelle :

    (a) À l'intérieur de l'avion, sur le côté gauche immédiatement derrière l'épaule du Pilote.

    (b) À l'intérieur de l'avion, sur le côté gauche, sous le dôme de l'Observateur.

    (c) À l'extérieur devant le bord d'attaque de la dérive.

(iii) Avec le canot de sauvetage type "L" activé manuellement et automatiquement comme décrit en (ii).

En plus du canot de sauvetage multiplaces, les dinghys individuels suivants sont prévus : Pour le Pilote un dinghy de type "K" dans un pack de type "A". Pour l'Observateur un dinghy de type "K" dans un pack de type "C". [48]

68. **Amerrissage**

Se reporter à l'A.P. 2095, et notez les points suivants :

 (i) Abaissez les volets hypersustentateurs de 30°.

(ii) Si le train d'atterrissage est abaissé, une tentative doit être faite de le rétracter (s'il y a le temps) ou en tous cas de le déverrouiller, si nécessaire avec la pompe manuelle via les tuyauteries normales, c.à.d. sélecteur d'urgence OFF, levier du circuit hydraulique ON, sélecteur du train d'atterrissage UP.

(iii) La décélération sera probablement sévère et beaucoup d'eau peut passer au-dessus du nez de l'avion et dans le poste de pilotage. L'avion peut faire une embardée.

---

[48] Dinghy K : Canot de sauvetage gonflable individuel, développé initialement pour les pilotes de chasse. Dans les avions multiplaces, il est prévu pour être accroché au harnais de parachutage si l'équipage évacue l'avion en parachute au-dessus de la mer (pack Type A : modèle "parachute-siège" ; pack Type C : modèle "parachute de poitrine").
Pour distinguer ici les canots de sauvetage collectifs (type H, circulaire à cinq places ; type L, circulaire à deux places) des canots individuels (type K), le terme "dinghy" a été utilisé pour ces derniers.

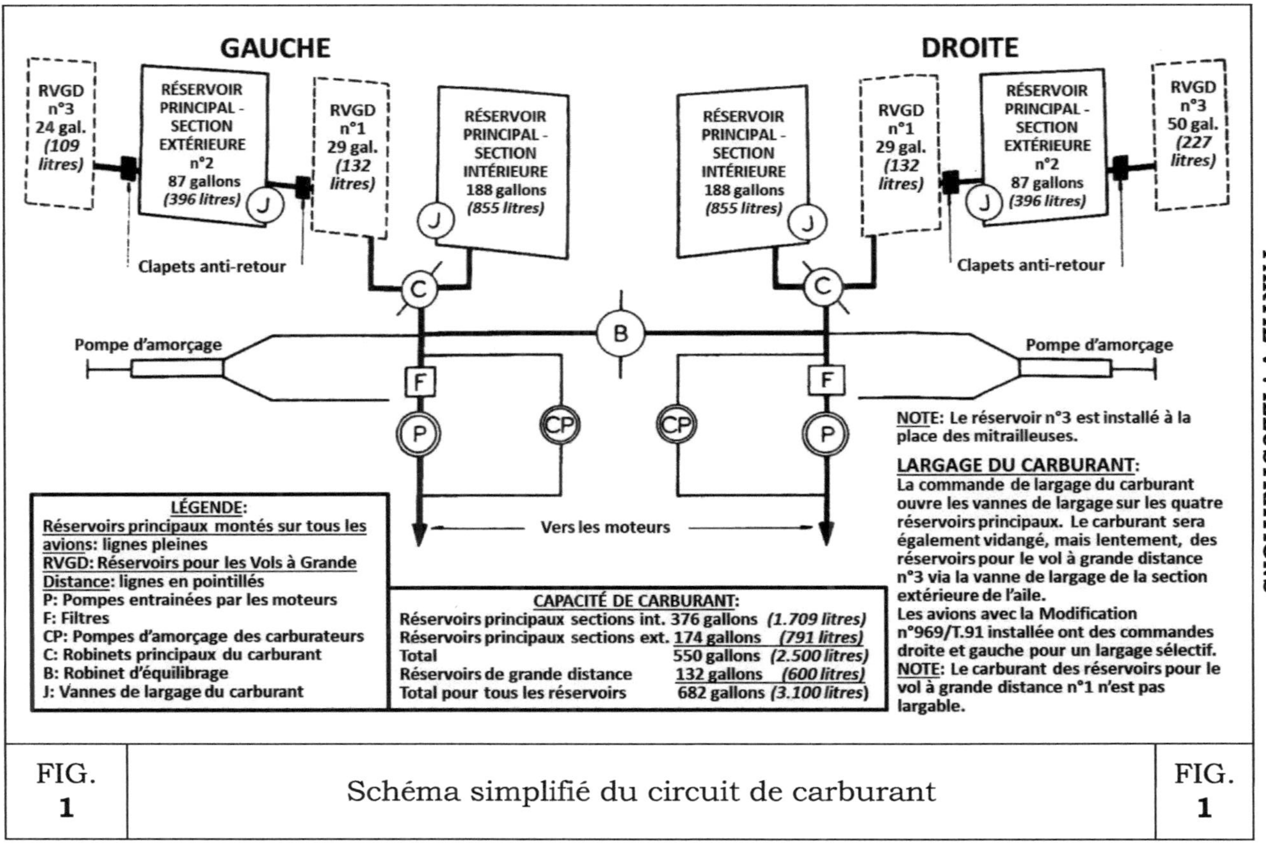

Schéma simplifié du circuit de carburant

FIG.
2

POSTE DE PILOTAGE – VUE GÉNÉRALE

FIG.
2

LÉGENDE DE LA FIGURE 2
POSTE DE PILOTAGE : VUE GÉNÉRALE

1. Prise et variateur du collimateur à réflexion.
2. Commutateur de sélection des charges sous les ailes.
3. Collimateur à réflexion.
4. Fenêtres de vision directe. [49]
5. Bouton (indépendant) de la cinémitrailleuse de l'aile.
6. Interrupteur et variateur du viseur pour le torpillage.
7. Gâchette de tir des canons de 20 mm et de mise en marche de la cinémitrailleuse.
8. Levier des freins des roues.
9. Interrupteurs des fusées éclairantes sous parachute (inopérant).
10. Jauges des réservoirs de carburant (pour les vols à grande distance).
11. et 12. Numéros non utilisés.

LÉGENDE DE LA FIGURE 3
TABLEAU DE BORD DU PILOTE

13. Indicateurs de position du train d'atterrissage.
14. Interrupteur de la lampe d'éclairage.
15. Boutons des extincteurs.
16. Commande du viseur de torpillage.
17. Panneau standard des instruments de vol sans visibilité.
18. Manomètres de l'huile.
19. Compte-tours des moteurs.
20. Interrupteur de la lampe d'éclairage.
21. Buse de ventilation.
22. Boutons-poussoir des démarreurs des moteurs.
23. Voyant et bouton du système d'intercommunication par signaux visuels.
24. Coupe-circuits principaux de démarrage des moteurs.
25. Thermomètre de l'air.
26. Manomètres de la pression d'admission.
27. Voyants d'alarme de la pression (carburant).
28. Thermomètres des cylindres.
29. Thermomètres d'huile.
30. Interrupteurs des magnétos principales.
31. Interrupteur de l'indicateur de position du train d'atterrissage.
32. Leviers de largage du carburant.
33. Manomètre triple.
34. Robinet de basculement des pompes à vide
35 à 52. Numéros non utilisés.

---

[49] Partie du pare-brise qui peut s'ouvrir au cas où le pare-brise est obscurci (par exemple par de la buée ou de l'huile).

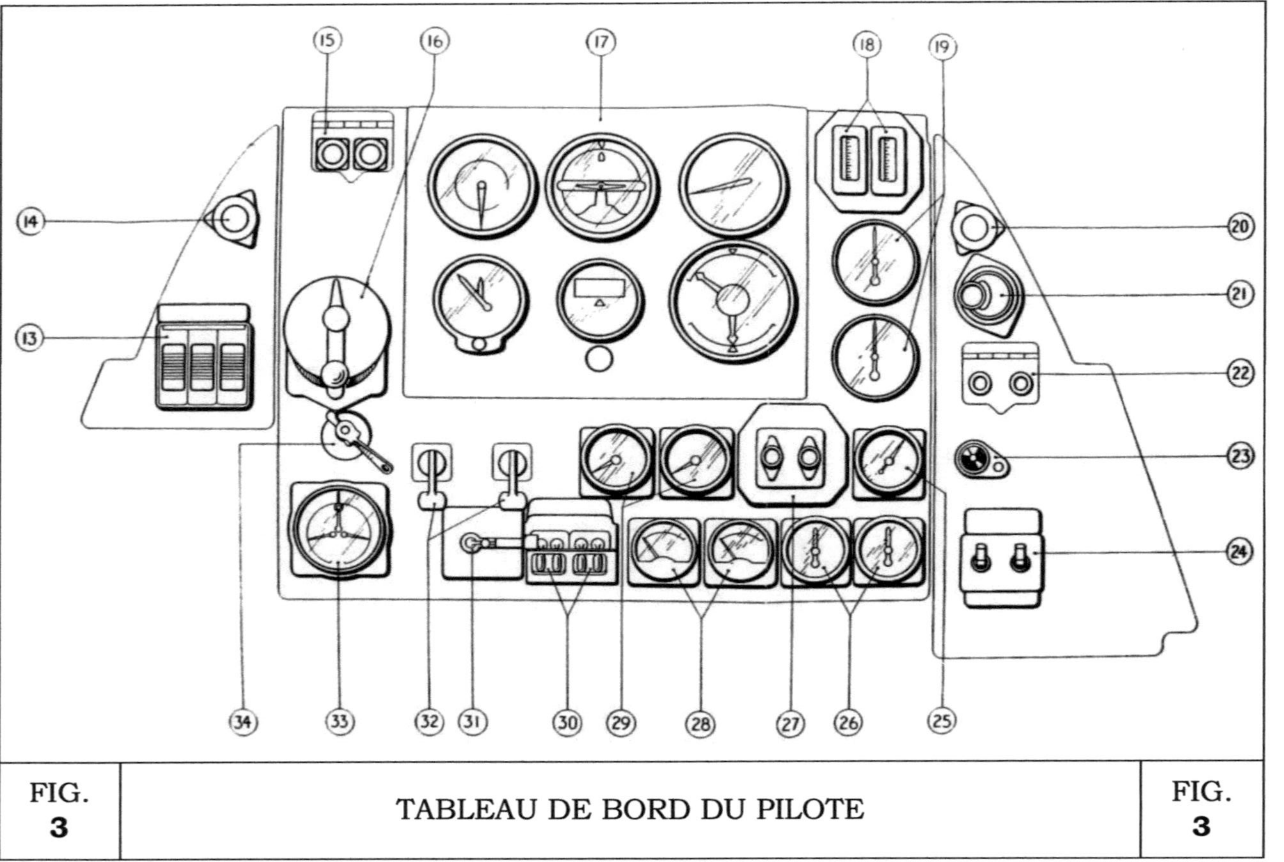

50

FIG. 4   POSTE DE PILOTAGE : CÔTÉ GAUCHE   FIG. 4

LÉGENDE DE LA FIGURE 4
POSTE DE PILOTAGE
CÔTÉ GAUCHE

53. Interrupteurs de destruction de l'A.R.I. 5025. [50]
54. Levier du robinet d'équilibrage de l'aspiration du carburant.
55. Commandes d'étouffoirs des carburateurs (gauche et droite).
56. Volant des robinets des réservoirs de carburant (de droite).
57. Volant des robinets des réservoirs de carburant (de gauche).
58. Poignée de libération de secours du canot de sauvetage.
59. Commande du chauffage du poste de pilotage.
60. Interrupteur d'approche radioguidée.
61. Commande à distance électrique (radio).
62. Coupe-circuit principal des charges sous les ailes.
63. Détendeur d'oxygène.
64. Variateur (éclairage de l'indicateur de la boucle de goniométrie).
65. Jauges des réservoirs de carburant (gauche).
66. Commandes de vitesse des hélices.
67. Levier du circuit hydraulique.
68. Levier de sélection de secours hydraulique.
69. Leviers de commande du train d'atterrissage et des volets hypersustentateurs.
70. Commande des aérofreins.
71. Casier de rangement des cartes.
72. Plaque des limites des moteurs.
73. Bouton de libération de la torpille, des bombes et des charges sous les ailes.
74. Commandes des prises d'air (gauche et droite).
75. Commande du feu d'atterrissage.
76. Commande du compresseur (de droite).
77. Interrupteur du feu d'atterrissage.
78. Commande du compresseur (de gauche).
79. Commandes et voyants d'indication des capots des moteurs.
80. Porte-carte des corrections du badin.
81. Coupe-circuit et interrupteur de détresse.

---

[50] ARI 5025 : Boitier IFF (Identification Friend or Foe), un petit transmetteur qui donne une forme caractéristique à l'écho d'un avion ami sur l'écran radar. Le transpondeur IFF était doté d'une charge de destruction afin d'en éviter la capture. Elle était mise en place par les armuriers juste avant le vol, et enlevée dès l'atterrissage.

| FIG. 5 | POSTE DE PILOTAGE : CÔTÉ DROIT | FIG. 5 |

**LÉGENDE DE LA FIGURE 5
POSTE DE PILOTAGE
CÔTÉ DROIT**

82. Indicateur des compensateurs de profondeur.
83. Dégivrage du pare-brise.
84. Commande du compensateur de direction.
85. Volant des compensateurs de profondeur.
86. Compas.
87. Interrupteurs des lampes pour se faire reconnaître [51] et de sélection d'armement des détonateurs (nez et queue) des bombes.
88. Boitier de signalisation (lampes d'identification).
89. Interrupteur de largage (bombes).
90. Coupe-circuit principal des bombes et torpille.
91. Sélecteur des bombes et torpille (gauche et droite).
92. Interrupteur de largage (fumigènes).
93. Interrupteurs des feux de navigation, des thermomètres d'huile et du réchauffage de la sonde Pitot.
94. Interrupteur des jauges du carburant.
95. Boitier de signalisation (inopérant).
96. Interrupteur des appareils photographiques de nez et "bantam".
97. Commande du compensateur des ailerons.
98. Poignée de libération : panneau – issue de secours.
99. Jauges des réservoirs de carburant (de droite).
100. Bouteille sanitaire *[pour uriner]*.
101. Poignée de la pompe de dégivrage des Venturi.
102. Robinet de sélection des Venturi.

---

[51] Les lampes pour se faire reconnaître sont de trois couleurs (vert, rouge et orange) et permettent d'afficher la couleur de la semaine. Les lampes d'identification sont normalement blanches (une vers le haut et une vers le bas). Un manipulateur Morse permet également la transmission visuelle de messages simples.

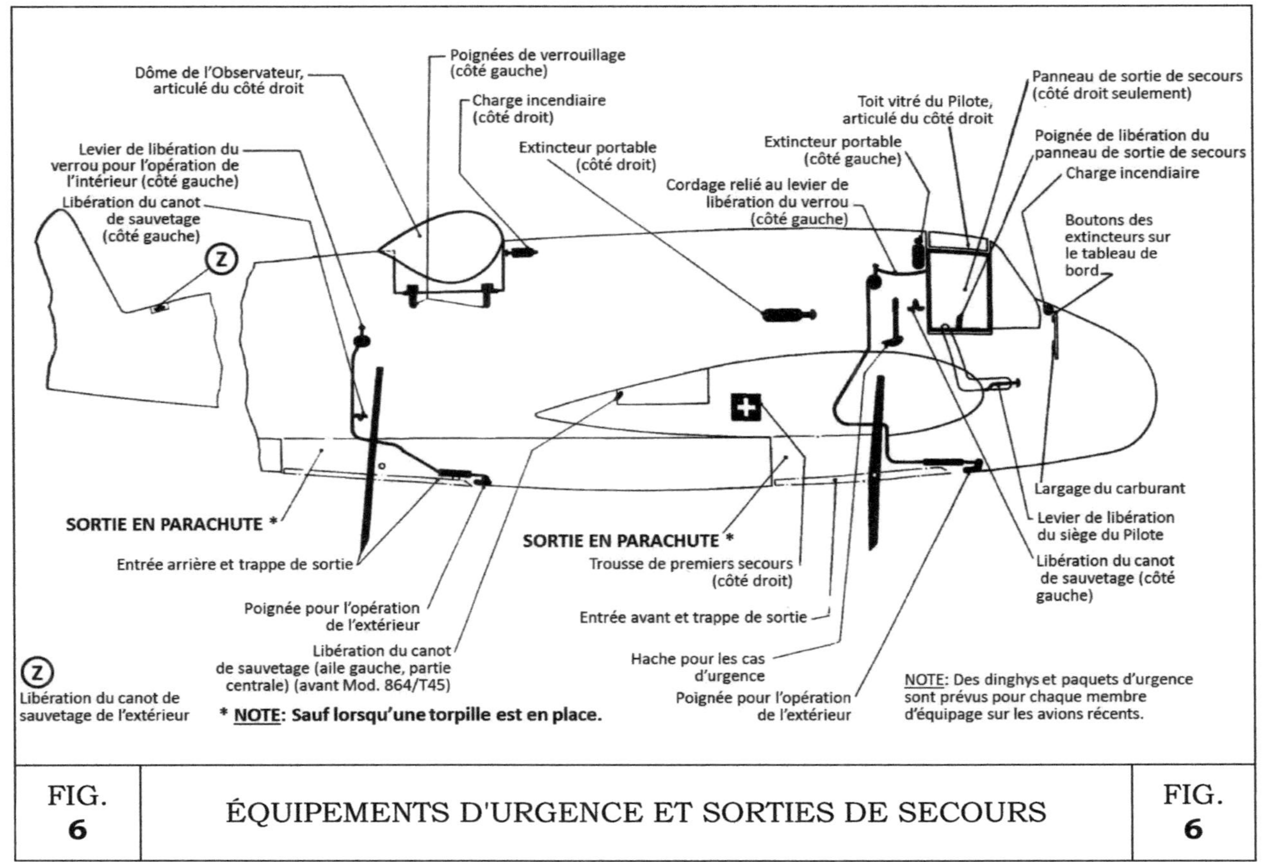

| FIG. 6 | ÉQUIPEMENTS D'URGENCE ET SORTIES DE SECOURS | FIG. 6 |

BIBLIOGRAPHIE SOMMAIRE SUR LE BEAUFIGHTER, LE COASTAL COMMAND ET LA CHASSE DE NUIT

Il y a de nombreux ouvrages consacrés au Beaufighter et à son emploi au sein des Fighter et Coastal Commands. Quelques exemples sont listés ci-après. Un court commentaire en italique donne quelques impressions de lecture.

BARNES, Christopher H. **Bristol aircraft: since 1910**. Putnam. 1994. ISBN 978-0851778235.

BINGHAM, Victor F. **Bristol Beaufighter**. Airlife. 1994. ISBN 978-1853101229. *Un ouvrage solide et plaisant à lire, comme tous les autres livres de cet auteur.*

BIRD, Andrew D. **A separate little war : The Banff Coastal Command Strike Wing versus the Kriegsmarine and Luftwaffe 1944-1945**. Grub Street. 2003. ISBN 978-1904010432. *Un très bon livre sur les combats méconnus qui se sont déroulés entre l'Écosse et la Norvège pour priver l'Allemagne des minerais norvégiens.*

BLANCHARD, Yves. **Le radar 1904-2004 : histoire d'un siècle d'innovations techniques et opérationnelles**. Ellipses, 2004. ISBN 978-2729818029. *Un excellent livre comme on en compte malheureusement peu en français sur un sujet technique. Yves Blanchard se met au niveau de lecteurs non spécialistes des ondes électromagnétiques et suit méthodiquement une trame chronologique qui permet de bien mesurer les progrès parallèles des différents belligérants.*

BOWEN, E. G. **Radar days.** CRC Press. 1998. ISBN 978-0750305860. *Témoignage de l'un des acteurs principaux du développement de solutions pratiques d'emploi des radars embarqués.*

BOWYER, Chaz :

- **Beaufighter at War**. Ian Allan Publishing. 1976. ISBN 978-0711007048.
- **Coastal Command at War**. Ian Allan Publishing. 1979. ISBN 978-0711009806.

CHISHOLM, Roderick. **Cover of darkness**. Chatto and Windus, 1953. *Un livre très bien écrit sur les expériences d'un pilote de l'Auxiliary Air Force Reserve qui rejoint la RAF en 1940 et devient chasseur de nuit sur Blenheim puis Beaufighter. Il a eu l'occasion de tester toutes les dernières avancées technologiques en mission de guerre, ce qui l'a bien préparé à son rôle suivant au sein du 100ème Groupe du Bomber Command.*

COLMAN, Jack et COLMAN, Richard. **Beaufighters over sea, sand, and steaming jungles**. Fonthill Media. 2020. ISBN 978-1781557464.

DAVID, Innes. **Beaufighters over Burma : n°27 Squadron, RAF, 1942-45**. Littlehampton Book Services, 1985, ISBN 978-0713715996.

DELVE, Ken. **Nightfighter : the battle for the night skies**. Arms and Armour 1995, ISBN 978-1854092540. *Un bon livre avec des statistiques détaillées, mais le choix de l'auteur de mélanger tous les théâtres d'opération en respectant un strict cheminement chronologique est un peu gênant. Quelques erreurs qui auraient dû être relevées par l'éditeur sont dommageables, par exemple le Tableau 6, page 110, affiche 36 victoires en juillet 1942 pour les avions Turbinlite, ce qui aurait été apprécié à l'époque ! On regrettera aussi l'absence d'un glossaire, d'une bibliographie et d'explications techniques plus détaillées.*

GIL, Frédéric. **Chasseurs de nuit et *Intruders* de la Royal Air Force contre la Luftwaffe : La première guerre électronique aérienne, 1939-1945**. BoD. 2025. ISBN : 978-2322540396.

GOODRUM, Alastair. **No place for chivalry : RAF night fighters defend the East of England against the German air force in two world wars**. Grub Street, 2005. ISBN 978-1-904943-22-8. *Un livre qui se lit très bien, malgré de petites erreurs (par exemple l'auteur dit page 41 que Sholto Douglas était le nouveau patron du Fighter Command en septembre 1940 et lui attribue donc l'affectation des premiers escadrons de Hurricane à la chasse de nuit alors qu'il n'a pris ce poste que le 25 novembre et que c'est donc Hugh Dowding qui avait pris cette décision). Dommage que l'auteur n'ait pas poursuivi le même travail pour d'autres Escadrons et d'autres régions du Royaume-Uni.*

GOSLING, Dennis. **Night fighter navigator : Beaufighters and Mosquitos in World War II**. Pen & Sword Aviation, 2010. ISBN 978-1-84884-188-8. *Témoignage d'un navigateur sur chasseur de nuit (Beaufighter et Mosquito) depuis son entrée dans la RAF durant l'été 1940 jusqu'à la fin de la guerre, avec six victoires à son compteur. Un livre facile à lire, les chapitres étant courts et écrits dans un style fluide. On regrettera quelques imprécisions.*

HENDRIE, Andrew. **The Cinderella Service : RAF Coastal Command 1939-1945.** Pen & Sword. 2006. ISBN 978-1844153466. *Un bon livre écrit par un vétéran du Coastal Command, sur la base d'une recherche solide de témoignages et de documents en Archives. Parfois difficile à lire.*

MOYES, PHILIP J. R. **The Bristol Beaufighter I & II**. Profile Publications n° 137. 1966.

NESBIT, Roy Conyers :

- **The Strike Wings : Special anti-shipping Squadrons 1942-45.** Pen & Sword Books. 2012. ISBN 978-1781590287.
- **The armed rovers**. Pen & Sword. 2012. ISBN 978-1848848955. *Complément de l'autre ouvrage du même auteur, ce livre est consacré à huit Escadrons (39, 42, 47, 144, 227, 252, 272 et 603èmes) de Beaufort et de Beaufighter en Méditerranée de 1941 à 1945.*

SCUTTS, Jerry. **Bristol Beaufighter**. Crowood Press. 2004. ISBN 978-1861266668. *Très bon livre sur le développement et la carrière opérationnelle de cet avion.*

TAYLOR, Les. **Banff Strike Wing at War.** Halsgrove. 2010. ISBN 978-0857040725.

THOMAS, Andrew. **Beaufighter Aces of World War 2**. Osprey Publishing. 2005. ISBN 978-1841768465.

WATTS, Simon. **Airborne maritime surveillance radar : British ASV Radars in WW 2**. Morgan & Claypool. 2018. ISBN 978-1643270678.

WHITE, Ian. **The history of air intercept (AI) radar and the British night-fighter 1935 - 1959**. Pen & Sword Aviation. 2007. ISBN 978-1-84415-532-3. *Un excellent livre sur la chasse de nuit, consacrant plus de place aux aspects techniques que les traditionnels ouvrages narratifs.*

QUELQUES TITRES DE CETTE SÉRIE

Utilisation principale	Avion
Formation	Tiger Moth II ; Harvard III (AT-6)
Chasseur et **chasseur-bombardier**	Spitfire I ; Spitfire F.IX, PR.XI & LFXVI Mosquito FII, NF: XII, XIII, XVII & XIX Havoc II (A-20) ; Typhoon IAB Airacobra I (P-39) ; Mohawk IV (P-36) Tomahawk I & II (P-40) ; Thunderbolt I & II (P-47) ; Beaufigther VI, TFX & TFXI Hurricane I et Sea Hurricane I ; Meteor III ; Mustang III & IV (P-51) ; Vampire F1
Bombardement	Lancaster I, III, X ; Halifax II & V Mitchell II (B-25) Fortress GRIIA, GRII & III, BII &III (B-17)
Planeur de combat ou **transport de parachutistes**	Dakota I, III & IV (C-47) ; Hadrian I (CG-4A) ; Hamilcar I ; Horsa I & II
Aéronavale et **surveillance maritime**	Corsair I à IV (F4U, F3A & FG-1) Hellcat I & II (F6F) ; Swordfish I à IV Martlet II & III (F4F Wildcat) Avenger I, II & III (TBF & TBM) Catalina I, IB, II & IV (PBY) Wellington III & X
Missions secrètes	Lysander III & IIIA